JN111456

おひとり様の相続
[4つの対策]

まえがきに代えて「私有財産の国有化ってアリなんか？」

義理の伯父の遺産は、国庫に帰属された

25年ほど前、筆者が大学生の頃、次のようなことがあった。

筆者の父のもとに、父の姉（既に死去）の60代の夫、つまり筆者から見ると義理の伯父が、アルバイトの帰りに車の中で意識を失い急死した——という電話が他県の警察から架かってきた。遺体の引き取りと埋葬、その後の処理をしてほしいという連絡であった。

義理の伯父は、故伯母との間に子はなく、親は既に物故し、一人っ子で、甥姪もなく、いとこなどもいなかった。自分側の血縁者はほぼいないと、伯父は生前、自嘲気味に語っていた。つまり伯父にとって、唯一といってよい親類縁者は、筆者の父くらいであった。警察が、親類とはいえ血のつながりのない父に突然連絡をよこしてきたのは、万一の際の緊急連絡先として父の連絡先を書いた手帳を、伯父が携帯していたからだという。

父と、生前の伯父の関係は悪くなかったが、住所が離れていたこともあり、伯母の死亡後は特

段の交流もなくなり、疎遠になっていた。世事に疎いが、基本的には人の好い父は、「なんで、わしがしなあかんねん？」と言いはしたものの、結局、伯父の遺体を引き取った。

葬儀（規模的には今で言う家族葬）を行ない、義理の伯父の旧友、アルバイト先の経営者、懇意にしていた隣人などが数人、列席した。

引き続き、父と母と筆者が、伯父が一人で住んでいたアパートの後始末をすることになった。賃貸アパートなので、貸主に部屋を一刻も早く返さなければならない。部屋の中はある程度整理されていたが、物だらけの部屋の片付けは、限られた時間で3人ではできないので、貸主が呼んだ廃品回収業者に来てもらった。

筆者たちは、遺品の仕分けをして、自分たちがほしいもの、使いたいもの、高価で価値のありそうなものを各自持って帰り（または宅配便で自宅に送り）、潰れたもの、ボロボロなもの、不要なもの、粗大なもの、まだ使えそうだが苦労して持って帰るほどでもないものを廃品回収業者に引き取ってもらった。

部屋の中にあった遺品の約8割は、「ゴミ」として業者に回収してもらったのである。（いやはや、小声となるが、今思うと遺品の大方は相続財産なので、筆者たちが勝手に整理・処分できなかったはずだが……。）

まえがきに代えて「私有財産の国有化ってアリなんか？」

葬祭で立て替えた諸々の費用や遺品処理代を捻出しなければならないので、父と母と筆者は、遺品の中から、金目のものをとにかく探した。現金は余り見つからなかったが、残高およそ100万円の普通預金通帳があったので、父は、預金を下ろしてもらうべく、銀行に行った。

ところが、銀行員曰く、「あなたは相続人でないので、預金の引き出しも解約もできません。」

「死んだ人には相続人どころか親族もろくにいないねん。わしが唯一といってよい親族やねん。その親族が、預金を全く引き出せないのはおかしいやろ。葬祭費用やら片付け費用やら、わしが立て替えた実費だけでも返してもらいたい。裏技あるんやろ？　どうやったらおカネを引き出してもらえるの？」

と、父がとつとつと無茶を言った。法律音痴もここに極まれりという状態であった。

「相続人がいない場合は、家庭裁判所に行き、相続財産管理人を選任してもらい、その人から支払ってもらうしかありません。何ヶ月もかかりますよ。ちなみに、遺言もなく、相続人がいない財産は、最終的には国のものになります。」と銀行員は答えた。

この時点で父はキレてしまい、「疲れた！　ニィさんとネェさんに、子供さえいれば、こんなことにならんかったのになー！」と、今更言ってもどうしようもないことを言い捨て、伯父に関する一切の死後処理を中断し、帰ってきてしまった。

伯父の死後処理で、父が立て替え払いした葬祭代、埋葬代などを、その後きちんと相続財産管理人に対し支払請求したのか、今となっては分からない。父の性格を考えると、おそらく支払請求はしていないだろう。身銭を切ることになったかと思われる。

この件から、当時、大学生だった筆者が感じたことが、次に示すように、たくさんあった。

①ベッドの上で、たくさんの親族、子や孫たちに囲まれて悼まれながら臨終するだけが人生ではないのだ。勤務の帰りに突然亡くなった義理の伯父の突然の逝去に敬意を表するばかりだ。

②義理の伯父にとって、頼れる身内は私の父親くらいだった。もし、私の父がいなかったら、伯父の遺体の引き取り、埋葬、アパートの片付けなどは、いったい誰がしていたのだろうか？

③伯父は中学を出てから、約50年も働き、定年退職後はアルバイトをしていた。死ぬ間際まで吝嗇生活をし、道楽もしなかったため、預貯金、上場株式、投資目的の別荘などの諸資産を遺した。

しかし、遺言書も作成しておらず、受け継ぐべき相続人などが全くいなかった伯父の資産は

まえがきに代えて
「私有財産の国有化ってアリなんか？」

全て、国庫に吸収されてしまったようだ。もし、私が伯父の立場なら、これは絶対に回避したい。私は、将来必ず相続人や私の財産を受け継いでくれる人を確保したい。

④いやしくも私有財産なのに、相続人が全くいない資産は国にとられてしまう――最終的に国庫帰属となる民法の規定は凄まじい。私財の国有化ということか？　相続人以外の親類縁者が、遺産を承継できないものなのか？

それにしても、相続人が全くいない遺産は、遺言書を作成しない限り、国庫帰属となってしまうという規定を一般国民の多くは、また、相続人が全くいない当の本人は、ちゃんと知っているのだろうか？　いや、知っているとは思えない。

⑤人が死ねば、死んだ瞬間から、住居内にある遺品の大部分は、結局、「ゴミ」として廃棄される。一生懸命労働して得たお金で購入し、長年愛用してきた愛着ある品々や、大事な人から拝領した大事な品々が、一瞬にして「ゴミ」と化す。これは悲しいし、もったいない。しかし、相続人や、財産を受け継いでくれる人が存在しさえすれば、自分の大事な品々を少しは活用してくれるかもしれない。

⑥実子がいれば、死亡直後に必要となる様々な事務処理や相続手続きなどは非常にスムーズに

進む。なので、私は、将来は結婚して自分の子を出産したい。もしも、子が産まれない場合は、生前から、それ相応の対策をきっちり行ないたい。

⑦大学はちょうど法学部なので、法律をよく勉強しなければならない。法律知識がないと損害を被る。私は、相続、税金、社会保険、不動産等の体系的で正確な専門知識を会得し、家族、友人を始め、より多くの一般の人たち、知識のない人たちに、こういった知識を提供し、それによって多くの人が、金銭的に損をしないようになってほしいと思う。

本書について

筆者が大学生の時分に、法定相続人が全くいなかった義理の伯父の急死によって起こったでき事を体験し、同時に湧き上がった所感こそ、後年、1級FP、行政書士、宅建などの資格取得を目指す動機の一つとなった。かつまた、筆者の周囲にいる人たちを皮切りに、より多くの一般の人たちに筆者が体得した経験と、装備した法令、税務、不動産、生損保、社会保険、資産運用などの横断的で幅広い専門知識を可能な限り提供し、人々の生活のお役に立ちたいとの思いを強くする契機になったかと思う。

そして、今こうして、1級FPの立場にある身として、僭越かもしれないが、知識がないば

まえがきに代えて
「私有財産の国有化ってアリなんか？」

かりに想定外の不利益を被ってしまっている人を黙って見ているわけにはいかないのである。この不利益の一つに、義理の伯父のケースで経験した、相続人が全くいない人の遺産は、最終的に国庫に帰属されてしまうという事実がある。

当事者のみならず、できるだけ多くの人たちに、身寄りがなく相続人が全くいない人が亡くなった場合、生前に適切な対策をうっていない限り、通常、死亡直後に必要な作業や事務処理をしてくれる人は誰もいない、並びにその遺産は最終的には国庫に帰属してしまうということを広く知らせたいと考え、本書を著述するに至った。

なお、本書でいう「身寄りがない人」は、「身寄りがなく相続人が全くいない人」と同義である。いずれも、次のような人のことを指すものとする。

親は既に死亡し、一人っ子で（あるいはきょうだいがいたが自分より先に死去した）、未婚で（あるいは配偶者と死別または離別した）、子（実子または養子）がいない、さらに甥や姪もいない人。

本書は、この「身寄りがなく相続人が全くいない人」のみを記述対象としている。

本書を著述し、出版する目的は、こうである。

「身寄りがなく相続人が全くいない人」が亡くなった場合、通常、死亡直後に必要となる様々な物理作業や事務処理（本書ではこれを「死亡直後の処理」と呼ぶ）をしてくれるような人はいないし、その「遺産」は全て国のものになってしまうという事実を周知すること。

そして、こういった人の「死後」に生じる「死亡直後の処理」と「遺産」の二つの問題に備え、生前のうちに講じておくべき対策について提案すること。

よって、本書は、「身寄りがなく相続人が全くいない人」の「死後」をテーマにするものであって、「老後」に必要となるかもしれない「見守り契約」、「身元引受人契約」、「成年後見制度（法定後見及び任意後見）」などは記述していないことを、あらかじめ断っておく。

また、本書を読む最適な層としては、一人っ子で独身の人であるが、こういった人のみならず、できるだけ多くの、いろいろな境遇の人々にお読みいただき、四囲の方々に周知・喚起していただきたいと思う。

ことに、「将来高い確率で身寄りが全くいなくなることになる子」を持つ親御さんにも、ご一読いただき、親子で「将来のこと」を話し合う際の資料として、是非とも本書を活用していただければ幸甚である。

なお、補章として、「やがて身寄りも相続人も全くいなくなるニートやひきこもりの人」のケースについても記述した。彼らの唯一の身寄りである「親」が死亡した際に発生する、主に経済面の苦境を防止するために、「親」が生前に講じておくべき対策について提案した。補章における議論の対象は、ニートやひきこもりの人の「親」である。

本書の内容の範囲

年齢や状況に応じて、「身寄りがなく相続人が全くいない人」が生前のうちに講じておくべき様々な対策についての大まかな分類と、本書の著述範囲を端的に示すと、以下のようになる。

【老後】

- 心身ともに健康な状態である場合↓「見守り契約」、「身元引受人契約」などの締結
- 心身の不調等により外出等が困難となった場合↓「財産管理等委任契約」の締結
- 認知症などにより事理弁識能力が将来不十分になりそうな場合↓「任意後見（代理）契約」の締結
- 認知症などにより事理弁識能力が不十分になった場合↓法定後見制度（補助、保佐、後見）の利用

【終末期】

・過剰な延命治療をしてほしくない場合→「尊厳死宣言書」の作成

【死後】

・「死亡直後の処理」について意向・要望がある場合→「死後事務委任契約」の締結

・「遺産」の行き先を自分で決めたい場合→①遺言書を作成して遺贈、②普通養子縁組、③生前贈与契約の締結、④生前に売却・換金

本書が取り上げるのは、身寄りがなく相続人が全くいない人の「死後」に生じる「死亡直後の処理」と「遺産」の二つの大きな問題についてである。

目 次

おひとり様の相続　［4つの対策］

まえがきに代えて
「私有財産の国有化ってアリなんか？」

第1章
おひとり様は、早めに「対策」した方がいいで

目次

第2章
「死亡直後の処理」は、誰がしてくれるんやろ？

目次

第3章 「遺産」が「国のもの」になるプロセス

第4章
「遺産」を「国のもの」にしないための4つの対策
①遺贈、②養子縁組、③生前贈与、④売却・換金

目次

目次

目次

第5章 遺贈、養子縁組、生前贈与の3つの税金比較 財産を受け継ぐ人の税金負担が軽くなった方がええわな！

1
2
3
4
5
補

補章 やがて身寄りも相続人も全くいなくなるニートやひきこもりの人の場合

第1章
おひとり様は、早めに「対策」した方がいいで

「身寄りがなく、相続人が全くいない人」が増えている

20代後半から40代前半までの、結婚適齢期の子を持つ親の多くは、直接口に出して言わないかもしれないが、我が子に早く結婚して家庭を築き、孫の顔を見せてほしいものだと願っている。特に夫婦仲も、子との関係も良好な親であればあるほど、自分たちに結婚と子育ての確たる成功体験があるからだろうか、適齢期の我が子には、自分たちが行なってきたのと同じような結婚と出産を強く勧めてくる。

これはひとえに、純粋な親心から来るものだ。誰よりも我が子の身を案じ、行く末を憂慮し、ないしはその幸福を本心から願ってくれるのは、この世で親くらいである。

しかし、親の心配とは裏腹に、多種多様で、複合的な事情があって、自分の意思で結婚せず、あるいは結婚したいが結婚できず、結果的に未婚者となってしまっている人は、日本で年々多くなってきている。

２０１５年の国勢調査によると、「生涯未婚率」（45〜49歳と、50〜54歳の未婚率の平均値から、50歳時の未婚率を算出したもの）は、男性が23・37％（４人に１人）、女性は14・06％（７人に１人）であった。「少子化社会対策白書」によれば、その後さらに上昇を続け、２０４０年

には男性の30%(3人に1人)、女性の19%(5人に1人)が、生涯未婚になると推定されている。また、2016年6月にNPO法人国境なき医師団日本が、全国の15歳~69歳の男女1000人を対象に行なった意識調査によると、10代では60・9%、20代では62・7%が、「自分の老後は『ずっと独身、あるいは家族との死別・離別で一人暮らしをしている身寄りのない状態』になるかもしれないと感じている」と回答した。これは、50代(56・6%)や、60代(53・6%)よりも高い割合を示したとのことだ。

様々な事情・要因から、若い世代の結婚への志向が逓減しているため、当面、未婚化の現象は続いていきそうだ。

未婚化のみならず、晩婚化も進んでいる。「人口動態統計」によれば、2018年の平均初婚年齢は夫31・1歳、妻29・4歳となっている。

1998年の統計では、夫28・6歳、妻26・7歳で、2008年は夫30・2歳、妻28・5歳なので、男女とも初婚年齢が年々少しずつ上昇をし続けていることが分かる。

未婚や晩婚が、少子化ないしは無子化に直結するのは自然であり、日本は世界の中でも有数の出生率の低い国の一つとなっている。

確かに、40歳をいくつも過ぎ、未だ独身で、この先も結婚する予定など全くないという男女の存在は、筆者の周囲(近所、職場、親類、知人・友人等)を見回しても、特段珍しくもない。実感として非常に多くいる、あるいは年々漸増しているように感じられる。

これは筆者の周囲のみならず、皆様の周囲も同様の状況ではないだろうか？　40を過ぎて一度も結婚したことがない男女の増加ぶりは、筆者の親の世代では、見られなかった事象だ。

40歳を過ぎていて、一度も結婚したことがないという男女には、子はいない場合が多いのだが、子がいない人の老年期、終末期はどんなふうになるのだろうか？

少なくとも自分の親と同じというわけには行かないだろう。親が感じなかったリスク・不安要素がいくつもあるはずである。

以上のように、「独身で、子がいない」という人の数が、年々増大しているのは確かだ。独身で、子がおらず、一人暮らしの人のことを、「ソロ」や「おひとり様」などと呼ぶ人もいる（「おひとり様」の定義は定まっておらず、子やきょうだいがいるような人を指す場合もある）。

「独身で、子がいない」というケースのみならず、その上さらに、きょうだいもいない、甥や姪などもいない、両親は既に他界しているという、俗に身寄りがない・天涯孤独などと呼ばれるような人たちが今、徐々に増えてきている。こういった人たちの予備軍も着実に増えているので、いわゆる身寄りがない人・天涯孤独の人は、今後も陸続と増加していくことだろう。

なお、本書で「身寄りがない人」、「天涯孤独の人」という人は、同時に「法定相続人が一人も存在しない人」でもある。それは次のような人のことを指している。

親は既に死亡し、一人っ子で（あるいはきょうだいがいたが自分より先に死去した）、未婚で

（あるいは配偶者と死別または離別した）、子（実子または養子）がいない、さらに甥や姪もいない人。

稀な存在とも思えるが、しかし昔ほど稀ではないであろう。

以下、このような人たちのことを、本書ではしばしば**「身寄りがなく相続人が全くいない人」**、**単に「身寄りがない人」、「相続人が全くいない人」**などという呼び方をしている。

「老後」「終末期」「死後」について、具体的に考えてるやろか？

40歳を超えて独身、子なし、きょうだいなし、甥姪なしという人は、親が死去すると最近親者が一人もいなくなる。親と同居していた人は一人暮らしとなり、家族のない老人・老女となる。統計では、未婚の高齢者は2010年の時点で120万人であるが、2035年には395万人にまで増加すると見込まれている。

やがて身寄りがなくなる、天涯孤独となる、法定相続人皆無が確定しているような人は、自分自身の老後、終末期、死後について、いったいどのように想定し、準備しているのだろうか？

病気にかかったり、持病が悪化したり、怪我などをした場合、あるいは災害に遭遇した場合、誰がケアしてくれるのだろうか？

病気や怪我などで外出ができなくなった場合、誰が財産管理をしてくれるのだろうか？

入院準備は誰が手伝ってくれるのだろうか？

入院時の身元保証人は誰がなってくれるのだろうか？

認知症や要介護状態になった時は、どうするのだろうか？

体調急変時は誰が助けてくれるのだろうか？

孤独死の場合は誰がいち早く発見してくれるのだろうか？

死亡時の遺体の引き取り、葬儀、埋葬、自宅の遺品の処理などは誰がしてくれるのだろうか？

先祖代々の家墓はどうなるのだろうか？

預貯金、有価証券、不動産、農地などといった父祖伝来の資産、あるいは自らが一生懸命労働して形成した資産はどうなるのだろうか？それらの行き先は、いったいどこなのだろうか？

——様々なことを考えれば考えるほど、心配、不安が次から次へと湧き出るばかりで、キリがない。


本書は、「身寄りがない人」、「天涯孤独の人」、つまり「法定相続人が全くいない人」の「死後」に生じる「死亡直後の処理」と「遺産」の二つの大きな問題を取り上げる。

二つのうち特に「遺産」の方に焦点を当て、生前から取り組むべき遺産対策の方法を提案することに注力した。

よって、まえがきにも書いたが、本書は「身寄りがなく相続人が全くいない人」の「老後」や「終末期」に備えておかなければならない課題については記述していない。

親は心配で心配で仕方がない！

きょうだいなし（あるいはきょうだいはいたが先に死亡した）、甥姪なし、未婚で（あるいは配偶者と死別または離別した）、子（実子または養子）もいない人は、一般的に、親が他界すると同時に最近親者がいなくなる。身寄りがなくなる。

彼らの人生の成功、健康、幸福を心底から切望し、孤独、貧困、病気に陥ることはないだろうかと誰よりもその行く末を心配しているのは、前にも触れたように、この世の中で、彼らより先に旅立つ親だけかもしれない。なるほど、高い参加料がかかるにも関わらず、巷間で親の代理お見合いが流行るのも道理である。

筆者は、大学卒業後、法務事務所で遺産相続や遺言書についてのコンサルティングをしたり、自動車パーツメーカーに勤務していた時は、そこで、希望する従業員に対して「社内ＦＰ業務」を行なったり、また、民間団体にてボランティアでファイナンシャル・プランニングに関する相談員をしていたこともある。

こういった経験の中で、筆者はこれまで、1級FPとしての職業倫理、守秘義務、関連法規などを遵守し、相続、遺言、生活保護、公的年金、私的年金、健康保険、税金、生損保、住宅ローン、不動産登記などについての多岐にわたる相談を受け、解決の糸口を示し、相談者たちから感謝の言葉を頂戴してきた。

中年に達した一人っ子の長女が、結婚せずに子がいないので、このままいくと天涯孤独の人生となるのが不憫であることに加え、長女が引き継ぐことになる先祖代々の膨大な資産は、長女の死後、いったいどうなるのか気がかりだ、と相談を寄せてこられた高齢の資産家の父親。

あるいは、高齢の女性から、遺言に関する相談を受けていた時、その背景には、長年自宅にひきこもり、就労経験がほとんどない一人っ子で50代の長男の存在があり、親の死亡後に、長男の世話をしてくれる人がいないことを考えると不安が尽きない、と涙する80代の母親……。

このように、将来確実に我が子の身に降りかかる様々な問題を想像しては嘆息憂慮し、矢も盾もたまらず、筆者ごとき若輩者のもとに相談を寄せてこられた高齢の親御さんたちがおられた。

そこで聴取した内容は、大変身につまされるような話ばかりであった。

何としても自分が持っている知識・経験を総動員し、最善策を提供して、少しでもお役に立ちたいという思いを強く覚えたものである。

「死後」の問題に備えている人は少ない

以前、筆者の遠縁に当たる親子と会食したことがあった。親子2人暮しで、母親は85歳、一人息子は61歳で独身であった。その時の流れで人間の臨終や葬儀などの話になった。

老母が、息子に「お前が死んだら、誰が亡骸を引き取って、葬式を挙げ、お骨を拾って、墓に入れてくれるんや？　先祖の墓はどうなる？　誰がお世話する？」などと言うと、息子の顔色が瞬時に変わり、イライラした口調になって「またその話か、聞きたないわ！　役所がするんちゃうか？　俺が死んだ時のことは考えたくもないって言ってるやろ！」と言い返し、その場が一気に険悪な雰囲気に変化したことを思い出す。

また、前項で、筆者は以前、法務事務所で相続や遺言に関するコンサルティングを行なったり、お金関係のボランティア相談員などをやっていたりした時、一人っ子で独身の、中年に達した我が子が、早晩高い確率で身寄りがなくなるため、その「行く末」を大変憂慮する高齢の親たちからの相談を受けたことがあると書いた。ところが、そう遠くない将来、身寄りがなくなることがほぼ確定している当の本人、すなわち子自身の「行く末」を懸念する相談は、「子」からは1件もなかったのである。

さらに、ライフエンディングサービスを展開する株式会社鎌倉新書が、２０１9年4月に60代以上のおひとり様と、夫婦のみで暮らすおひとり様予備軍で、いずれも身寄りのない人を対象に、「ソロ終活」（おひとり様が取り組む終活を指す）に関する実態調査を行なったところ、73・1％が「ソロ終活に興味がある」と回答しながらも、合計80・4％の人が、「終活の準備をしていない」と回答したとのことだ。

当該調査では、何が原因で終活の準備ができていないのかをさらに尋ねたところ、「具体的に何をすべきかわからない」、「子どもがおらず親族の連絡先もわからない」、「誰に何を頼むかを具体的に決められない」、「自分の死後の手続きを依頼できる人物がいない」などの回答が多数あったとのことだ。

つまり、おひとり様自身は、頭では終活の必要性を認識し、終活への関心も高いが、しかし実際の行動に移すことができていないのである。おひとり様こそむしろ、そうでない人以上に積極的に終活をしなければならないはずなのだが、現実には、そうなっていない。

人によって異なるが、環境的、経済的、能力的、心理的、様々な要因に基づく足枷があるために、「一歩」を、思い切って踏み出せないでいる様子が窺える。その足枷は、主として心理的なものに由来するように筆者には感じられる。

身寄りがないおひとり様が、自らの「死後」を想定し、終活準備に取り掛かることは、極度の難事と言える。その心理的な重苦しさは、配偶者も子も孫もおり、きょうだいもいるような人には、想像できないだろう。

とはいえ、である。身寄りがなく相続人が全くいない人自身が、自分の葬儀は××にしてほしい、遺骨は××の方法で埋葬してほしい、長年コツコツ形成した資産が国庫に帰属するのは避けたい、自分の資産の行き先は自分自身で決めたい、などと心底願うならば、勇気を出して、生前のうちに適切な対策を講じなければならない。

普通の人は「相続人がいない遺産は、国のものになる」ことを知らへん

筆者の友人（50代）に、両親は既に鬼籍に入り、一人っ子で未婚、高校教師をしている女性がいるのだが、彼女から、相続に関する質問を受けたため、「あなたには法定相続人は存在しない。相続人がいない遺産は、最終的には国のものになる」旨を伝えたことがあった。この時、友人は、

「できる時に結婚して、子を産んどけばよかったかなと思う時がある。結婚も出産もしなかったらどうなるか、深く考えたことはなかった。他界した親とも、こういうことを話し合うことはなかったし。」

「私には法定相続人がいないのか。全く知らなかった。私が買ったワンルームマンションとか、私の預金とかの資産は、いとことか、いとこの子とか、少しでも血のつながった親類が自動的に相続するものだと、てっきり思っていた。」

「このまま私が遺産対策など何もせずに死ぬと、私の資産は、最後には国庫に帰属するのか。全く知らなかった。」

などと発言していたことを思い出す。仮にも高校教師の職に長年就いている友人であるのだから、こういったことは一般常識として当然知っているものだと勝手に思い込んでいたのだが、実際は知っていなかった。

周知のように、小中高の社会科で憲法の学習はするが、実生活を送る上で重要な法律の一つである民法は、一定の重要な項目すら学ぶことはないのが実情である。

したがって、自ら調べたり、特段勉強したり、あるいは専門家などから教示を受けたりしない限り、民法や相続法などについて、正確な法律知識を獲得する機会はない。

両親は既に死亡し、きょうだいもなく（あるいはきょうだいがいたが先に死亡し）、甥姪もなく、未婚で（あるいは配偶者と死別または離別し）、子（実子または養子）がいないという人には、法定相続人が全く存在しない。

相続人が存在しない人が死亡すれば、その遺産は、遺言をするなど、生前から適切な遺産対策を講じていない限り、最終的に国庫に帰属してしまうのだ（民法959条）。

独身男性の寿命は短い

米国ルイビル大学の研究グループが、過去60年にわたり、約5億人を対象に行なってきた研究によると（2011年発表）、独身女性の寿命は、既婚女性より平均7年～15年短く、独身男性のそれは、既婚男性より8年～17年も短いとのことだ（2011年8月18日付NBCニュース）。

また、2014年「人口動態統計」を基に未婚者の死亡率対既婚者比を算出した統計学者の本川裕氏によると、未婚の男性25歳～44歳の死亡率は、既婚者の約2倍で、年齢層が高くなるほどこの倍率は高くなり、80歳以上では2・5倍以上となっている。

女性の場合は男性ほど、未婚者の死亡率の対既婚者倍率は高くないが、それでも65歳～79歳の未婚女性は、既婚女性より2倍以上死亡率が高くなっているとのことだ（「社会実情データ図録」http://honkawa2.sakura.ne.jp／1820.html）。

さらに、独身研究家でコラムニストの荒川和久氏の報告によると、有配偶男性の死亡年齢中央値（死亡ピーク年齢）は約81歳で、男性全体での死亡年齢中央値も81歳であるが、未婚男性の死亡年齢中央値は、約66歳だということだ（「東洋経済オンライン」2020年3月5日付）。

以上から、特に未婚男性は、統計上、既婚男性よりかなり短命だということだ。

その理由として、未婚男性は、既婚男性と違って、家族などから食生活を始めとする有形・無形の数々のサポートが受けられないため、寿命も短くなる傾向があるからではないかと推測されている。

未婚男性は特に、男性の平均よりも寿命がかなり短くなる可能性が高いということを念頭に留めておかなければならない。

その当然の帰結として、未婚で身寄りがない男性は、自らの「死後」に備えての対策、すなわち「死亡直後の処理」と「遺産」についての対策を、なるたけ早めに開始しなければならない必然性に、気が付くはずだ。

「死亡直後の処理」と「遺産」対策は、50歳から始めるべきやで

独身男性は、特に早めの対策をとった方がええで

「自分の葬儀や埋葬の方法について、自分なりの意向、要望がある。また、自分の死亡直後に第三者にやってほしい物理作業や事務処理がある。」

「自分の財産の国庫帰属を阻止し、自分が譲りたいと思う個人や法人に財産を譲りたい。自分の財産の帰属先は自分自身が決めたい。」

このように強く願望するのであれば、自らの状況や現実を逃げずに直視し、いずれ必ず到来する「死後」のことを想定し（「死後のことを想定する」というのは、なんとも奇妙な言い方かもしれないが）、生前に適切な対策を打っておかねばならない。

これは、不定愁訴が現れ、体全体に老化が見られ始めるも、しかし分別盛りで、まだまだ身体も精神も健全に作動する50歳過ぎから少しずつ少しずつ考え始めるのがいいと思う。自らの老後、終末期、死後について事前準備し、必要な対策を取ることなどを「終活」と世間一般では呼んでいるが、男性の場合、職場を定年退職して数年後の70歳前後から、いわゆる終活を開始する人が多いとされる。

ちなみに、一般的に言われているところの「終活」の語の概念は存外広く、いろいろな内容を包摂している。本書が論点としている、身寄りがなく相続人が全くいない人が、自らの「死後」を想定して「死亡直後の処理」や「遺産」について生前に適切な対策を取ることは、終活の一部である。（この項に限って、便宜上、終活という語を用いる。）

話を戻すと、男性は尚更だが、独身で身寄りがなく相続人が全く存在しない男女が、終活を70歳くらいから開始するのはやや遅いように、筆者には感じられる。

というのも、身寄りがなく相続人が全くいない人が行なう終活は、役所に足を運んで各種手続きをしたり、信頼を寄せている親類、友人、あるいは法律専門家、資産管理会社などのもとに相談または依頼をしに行ったり、資産を処分するために帰属先を見つけたり、実際に処分に向けて行動に移したりするなど、積極的・主体的に行動しなければならない場合が多い。高齢になればなるほど、何をするにも疲れてしんどい上に、慣れていないことをする場合はますます、相当の気力や体力を要するのだ。

前述したように、特に独身の男性は、統計データ上、死亡ピーク年齢（死亡年齢中央値）は約66歳と異様に若い。終活を始めようと思っていた矢先に逝去してしまった、などというのはよく聞く話である。

65歳以上は、癌など生活習慣病の好発年代であるし、認知症などの発症の可能性も考えなければならない。また、「突然死」したり、病気や事故などで植物状態になってしまったりする可能性もなきにしもあらずである。高齢になると、明日も明後日も変わらず元気である保証はない。あるいは、人によるので一概には言えないが、人間というもの、総じて高齢になって心身の力が衰えてくれば、柔軟で合理的、妥当な発想・判断・行動ができなくなる傾向が高くなり、それによって周囲を混乱させ、トラブルを起こしてしまうという話もちらほら聞く。

以上から考えると、とりわけ独身で身寄りのない男性の場合、70歳くらいから終活を開始するのは、遅い。

筆者としては、自分の「死」のことを考えるのは、正常な判断力と行動力を発揮することができ、かつ相続関係の発生（つまり結婚や出産の可能性）の有無がほぼ確定する50歳過ぎから終活に着手し、少しずつ計画を練り、準備に取り掛かるのが相当ではないかと思う次第である。

もっとも、特に50代の男性の場合は、社会的な地位を樹立する世代で、相応の責任も発生し、毎日が至極多忙なので、自分自身の老後や死後の身の振り方など、考えを巡らす時間的、精神的余裕がないかもしれない。また、自分の身の上に将来顕在化する事実を、生前にあれこれ想像したくない、あるいは怖くて認められない逃避心理もあるだろう。

私事ながら筆者も、自分の身に10年以内に確実に起こる親の介護問題、築70年の実家の所有問題などが脳裏をよぎるだけで、終日気が滅入って、仕事が手につかないことがある。

皆様も筆者も、ほんの少し勇気をもって、来たるべき自らの老後、終末期、死後がどうなるのか、どうなっているのか、想像してみることから始めてはいかがだろうか。

「死亡直後の処理」と「遺産」対策の提案

両親は既に死亡し、きょうだいもなく（あるいはきょうだいがいたが先に死亡し）、甥や姪もなく、未婚で（または配偶者と死別または離別し）、子（養子または実子）がいない人は、これといった身寄りがなく法定相続人も全く存在しない。

生前から適切な対策をきっちりと行なっていない限り、このような人が死亡した場合、遺体の引き取り、埋葬などは法律に則り市区町村が最低限行なってくれるにしても、その他のこまごまとした死亡直後に必要な作業や事務処理（これを本書では「死亡直後の処理」と呼ぶ）は、誰もやってくれないのである。

さらに、その遺産は全て、最終的に国庫に帰属してしまうのである。

「自分の葬儀や埋葬の方法について自分なりの意向・要望がある。また、自分の死亡直後に第三者にやってほしい物理作業や事務処理がある。」

「自分の財産が国にとられるなんて嫌だ。自分の財産は自分が譲りたいと思う個人や法人に有効活用してもらいたい。自分の財産の行き先は自分自身が決定したい。」

身寄りがなく相続人が全くいない人が、このように熱望するならば、自身の「死後」に生じる問題に備え、「死亡直後の処理」や「遺産」の帰属先などについて生前から適切な対策を講じるべきだ。

本書は、その対策方法として、次のような手法の活用を提案する。

「死亡直後の処理」については、「死後事務委任契約」の締結をする。
「遺産」については、①遺言書で遺贈する、②養子縁組する、③生前に贈与する、④生前に売却・換金する。

「身寄りがなく相続人が全くいない人」が生前に講じておくべき対策の分類

本書は、[死後]の対策に記述範囲を限定

[老　後]

❶心身とも健康な状態である場合

「見守り契約」の締結

「身元引受人契約」の締結

❷身体の不調等により外出等が困難となった場合

「財産管理等委任契約」の締結

❸認知症などにより事理弁識能力が不十分になりそうな場合

「任意後見（代理）契約」の締結

❹認知症などにより事理弁識能力が不十分になった場合

法定後見制度（後見、保佐、補助）の利用

▼

[終末期]

❶過剰な延命治療をしてほしくない場合

「尊厳死宣言書」の作成

[死　後]

❶「死亡直後の処理」について意向・要望がある場合

「死後事務委任契約」の締結及び受任者の連絡先などの公表

❷「遺産」の行き先を自分で決めたい場合

普通養子縁組をする

遺言書を作成し遺贈をする

生前に贈与契約を締結する

生前に売却・換価し、費消する

※契約書などの諸文書は公証役場で「公正証書」に出来る。公正証書は完全で高度な証明力を持つ公文書である。

「『身寄りがなく相続人が全くいない人』が生前に講じておくべき対策の分類」の一覧を示すので、参照されたい。

皆様も、筆者とともに頑張って生前から適切な対策をうとう！

第2章
「死亡直後の処理」は、誰がしてくれるんやろ？

誰が遺体を引き取り、埋葬、供養してくれるんやろ？

病院で亡くなった場合は

２０１８年の人口動態調査によると、国民の80％以上が病院等の施設で最期を迎えている（この傾向は10年以上変化していない）。一般的に、人が病院等の施設内で亡くなった際は、誰が遺体を引き取っているのだろうか？

遺体を引き取る義務のある人を明確に定めた法令も判例もないのだが、病院等の施設内で死亡した場合、通常は、入院時に病院等に提示した身元保証人（身元引受人）が、身柄の引き取りなど死後の一切の収拾をすることになる。

しかし、入院時に身元保証人を立てておらず、１人も身寄りがない人が病院等で死亡した場合は（２０１８年に厚生労働省の通知により、入院時に身元保証人を立てなくても入院できるようになった）、病院側が把握している範囲内で、近親者や同居人に連絡し、遺体を引き取り、死亡届の届出人になってくれるようお願いする。

病院側がお願いしたものの、こういった人たちが当該処理を行なってくれない場合は、病院長が死亡届の届出人になり、病院所在地の市区町村に死亡届を提出する。そして、これを受理した市区町村長は、職権で戸籍に死亡の記載をする。

引き取り手がない遺体は、墓地埋葬法に基づき、市区町村長が簡易な葬儀をし、火葬する。読経をしてくれる市区町村もあるようだが、通常は宗教儀式としての葬式は行なわれない。

そして、火葬後の遺骨は、官報で公告を出して遺骨を保管する。市区町村ごとに定められた保管期間（市区町村の保管スペースの事情により異なるが5年～10年間）が経過した後に、市区町村が管理する集団墓地（共同墓地）に納骨（合祀）される。

この時かかった埋葬費用などは、同法及び行旅病人及行旅死亡人取扱法に基づき、故人が病院等の施設内に遺した金銭等（遺留金）から支払われ、不足分は公費で賄う。

自宅や出先などで亡くなった場合は

持病があり、主治医がいるという人以外で、自宅や出先などで「突然死」をしたような人は、変死として扱われるため、まず管轄の警察の検死課による現場検証が行なわれる。

警察が遺体を引き取り、医師の立ち会いのもと、検視官が検視を行なう。場合によっては解剖、ＤＮＡ鑑定などがなされ、事件性がないと判断された場合は、遺体は医師に引き渡され、「死体検案書」が作成、発出される。

身寄りがないといっても、出生時に父母、父母のきょうだい、祖父母などが全く存在しない人はほとんどいないので、警察は、1親等、2親等、というように血縁関係の近い順に親族に連絡を取り、市区町村への「死亡届」の届出から、遺体引き取りと死後手続き（葬祭、納骨など）の一切を依頼する。

警察が、遺体の引き取りを依頼する遺族とは、２０１９年3月29日付警察庁刑事局の通達によると、配偶者、２親等以内の血族（子、父母、孫、祖父母、兄弟姉妹）及び同居の親族を意味するとのことだが、どのような者が、「死体を引き渡すことが適当と認められる者」に当たるかは、個別の事案に即して判断されるとのことだ。

士業のウェブサイトや週刊誌のルポ記事等（「週刊現代」２０１９年3月16日号及び２０１９年3月23日号など）によると、警察は、「6親等」までの親族を調査し、場合により、いとこ、親のいとこ、いとこの子、はとこなどに対し、遺体の引き取りの依頼をすることがあるという。

しかし、遺体の引き取りを依頼された彼らは、親族ではあっても、同一生計の家族でもなく、法定相続人でもないので、様々な事情から、遺体の引き取りを含め、死後処理の一切を拒絶するケースが少なくない。遺体引き取りの拒絶は違法ではないのだ。

ちなみに、数十年前までは、一部の地域で、独居で身寄りがない人が死亡した場合、地域の自治会会長や顔役、民生委員、賃貸住宅の大家などに、役所・役場の担当者が、死亡届の提出から葬儀・埋葬までを「お願い」することがよく行なわれていた（筆者の出身地でも約40年前までは自治会長などが葬式を出していた）。ただし、近年は、このような「お願い」も、断わられるケースが多いとのことだ。

話を戻すが、遺体を引き取ってくれる人が全くいない場合は、警察が市区町村に死亡通知を出し、死亡通知を受けた市区町村が、戸籍に死亡記載を行なう。

以降の流れは、前項の身寄りがない人が病院等で死亡したケースと同じく、死亡した所在地の市区町村長が火葬・埋葬を執り行ない、市区町村が管理する集団墓地に埋葬されることになる。

地方公共団体が引き受けた遺骨が全国で最も多い大阪市のデータによると、２０１８年には２３６６柱を市設霊園の無縁堂に安置した。これは、大阪市内で亡くなった人の８・３％にあたる。言い換えると、大阪市では、引き取り手がいない死者は、12人に1人もいる計算となる。１９９０年には無縁堂に安置された遺骨は３３６柱だったので、この25年間で7倍近くも増えているとのことだ（「朝日新聞 Reライフ.net」２０１９年6月11日付）。遺体の引き取り手がおらず、市区町村長によって火葬・埋葬がなされる死者の増加は、大阪市だけに限らず、各自治体において今後も続くことであろう。

身寄りがなく法定相続人が全くいない人が、自分自身の死後の遺体の引き取り、葬儀、埋葬、供養などについて、「××してほしい」という自分なりの意向・要望を持っている場合は、後に詳述するが、生前のうちに第三者と「死後事務委任契約」の締結を行ない、かつ入院先の病院、大家、友人、親類などの関係先に、死後事務を引き受ける人（受任者）の連絡先などの公表をしておくべきだ。

これから、「先祖代々の墓」はどうなるんやろ？

社会問題化して久しい無縁墓問題

天涯孤独で身寄りがなく法定相続人も全くいない人が死亡し、遺体の引き取り手がいなかった場合、火葬・埋葬を執り行なった市区町村長は、気を利かせて、所有する先祖代々の個人用の墓地に故人を埋葬してくれるのだろうか？　答えはＮＯである。

遺体の引き取り手がなく、墓地埋葬法に基づく火葬・埋葬を市区町村長が執行する場合は、こういった人が保有する家墓ではなく、市区町村が管理する集団墓地に粛々と納骨（合祀）されることになる。

したがって、もし、身寄りがない人が、先祖代々の家墓を保有していて、死後はそこに自分を埋葬してもらいたいと切望する場合は、遺体の引き取りと埋葬の処理について、生前のうちに第三者と、「死後事務委任契約」を締結しておかなければならない（後述）。

しかしながら、である。

よくよく考えると、身寄りのない故人が、希望通り、自分の先祖代々の墓地に埋葬されたとしても、結局のところ身寄りがなく相続人も全くいない人が保有する墓地であるのだから、墓守

（墓地の世話をする人）を用意しておかない限り、早晩その墓地は、草ぼうぼうで荒廃した無縁墓となり、いずれ放置されることになるのである。

故人が眠る墓地の、いわゆる墓守サービス（定期的なお墓参りと清掃、墓石撤去など）を行なう業者も全国に数件存在するようだが、筆者の知る限りでは、最長サービス期限は10年間で、10年満了後に墓石撤去となるようだ。

このように、少子化や無子化、都市部への人口流出、管理料の負担、価値観の変化などに伴い、墓地の世話（墓守）をする「祭祀主宰者」がいなくなり、遺棄されたような状態となっている墓地（無縁墓）が全国規模で大量に生じていて、各自治体は頭を悩ませている（さらに、墓石の不法投棄事件まで起こっている）。こういった無縁墓の問題が、社会問題化して久しい。

そもそも墓地は、仏壇、神棚、位牌、遺骨などと同じ祭祀財産であって、相続の対象にならない。相続財産に該当せず、相続税も非課税である。

墓地などの祭祀財産は、法定相続人ではなく、「祭祀主宰者」が承継する。祭祀主宰者の所有となるので、極端なことを言えば、継承した祭祀財産を祭祀主宰者が処分（廃棄・譲渡）することも可能である。

祭祀主宰者（墓守）は、まず、被相続人（故人）による生前の指定、または遺言で指定することによって選任される。指定がなければ慣習によるが、指定も慣習もない場合は家裁が定める。

祭祀主宰者は、法定相続人でなくても、親族でなくても別にいい。原則一人だが、複数人でもいい。

祭祀財産の承継には、相続放棄のような規定はないので、指定された場合は承継を拒絶できないのだが、祭祀主宰者が、きっちりと祭祀を執り行なうべき法的義務までは負わないとされている。

祭祀主宰者（墓守）がいなければ、「墓じまい」をしておくべきやで

①身寄りのない人が保有する先祖代々の家墓を、身寄りがない人の死後も世話をしてくれる祭祀主宰者（墓守）がいない。

②身寄りのない人自身が、自分の死後、市区町村が管理する集団墓地に埋葬されるのを薄々予期している、または予定している、もしくは希望している。あるいは、散骨、合祀墓、永代供養墓に入ることなどを既に計画、準備済みである。

①、②の場合、保有する先祖代々の家墓を世話する人（墓守）がいなくなるので、荒れて放置され、やがて無縁墓化するのが誰にでも明確に予想される。

したがって、こういった場合、身寄りのない人自身が、生前のうちに、先祖代々の家墓を「墓じまい」、すなわち先祖の遺骨の引っ越し先を決定した上で、墓石の撤去を行なってしまうべき

である。

墓じまいの手続きを進めることができる状態になれば、まず市区町村に「改葬許可申請書」の提出をして、必ず改葬許可をもらわねばならない。市区町村長の許可がない限り、勝手に墓の中から遺骨を取り出し、移動させることはできない。

なお、重ねて言うが、自らが保有する先祖代々の家墓の「墓じまい」を実行する前には、必ず自分自身の遺骨の埋葬先の算段がついている必要がある。

自宅内の遺品の整理・処分は、誰がしてくれるんやろ？

遺品や遺産の整理・処分は「相続財産管理人」がする

「遺品は相続財産なので、口座の凍結の解除や不動産の名義変更と同様、相続人がいなければ、遺品の整理を行なうことはできません。」
キーパーズ有限会社代表取締役吉田太一氏「週刊現代」2019年4月28日号
「民法上は、遺品は相続財産に当たる（中略）。相続人のあることが明らかでないときは、民法第951条から第959条までの規定に従い相続財産管理人の選任以降の手続を踏むという手順を踏まなければ、（遺品を）他人が勝手に処分するわけにはいかない。」
総務省行政評価局「地方公共団体における遺品の管理に関する事例等」2020年3月

このように、故人の住居内に残された遺品の大方は、相続財産に該当するので（中には相続財産に該当しないものも含まれているが）、本来は、法定相続人以外が、自由勝手に整理・処分できる性質のものではない。遺品（その多くは相続財産）は、所有者（被相続人）の死亡と同時に、法定相続人（たち）の所有物（共有物）になるからだ。

ところで、遺品の「整理」と「処分」の違いは何であろうか？

法令上あるいは事実上の定義が明確に定められているわけではないのだが、遺品の「整理」とは、遺品を仕分け、整頓し、移動し、保管することなどを指す。

一方、遺品の「処分」とは、廃棄し、もしくは第三者へ有償または無償で譲渡し、あるいは寄贈することなどを指すのだと思われる。ただし、「整理」に、廃棄や譲渡などの処分行為を含むと考える人もいる。

話を戻すと、故人の自宅内に残置された遺品と「相続財産」は区別できないので、遺品の整理や処分を行なうには、法定相続人の許諾の下で行なわなければならない。

となると、法定相続人などが一人もいない人が死亡した場合、遺品（＝相続財産）の整理や処分は、いったい誰が行なうのだろうか？　原則、遺品整理業者は、相続人がいない限り、遺品を整理・処分できない。また、地方公共団体などが、行政行為として、遺品を整理・処分できる規定も、今のところはない。

法定相続人が全くいない人が死亡し、この人が賃貸住宅に住んでいた場合は、次の賃貸機会を逸したくない貸主の立場を考えると、早急に遺品を整理し、原状に復して、部屋を返還してもらいたいであろう。

また、たとえ持ち家に住んでいたとしても、誰も住まない家屋を空き家状態で放置しておくことは、周辺住民に多大な迷惑をもたらすので、いずれ必ず誰かが家屋の中の遺品を整理し、そして家屋自体を処分しなければならないであろう。

身寄りがなく相続人が全くいない故人が、賃貸住宅に住んでいた場合は、貸主などが利害関係人として、家庭裁判所に「相続財産管理人」の選任を申し立てることがある。

そして、家裁の審判で選任された相続財産管理人（弁護士が多い）が、家裁の監督のもと、財産の清算処理を執行する中で、故人の遺品の整理や処分などを行なう。

遺品や遺産の整理・処分は「遺言」でも指定できるで

既に言及したように、一般的に、遺品・遺産は相続財産なので、故人の死亡と同時に相続が開始し、相続人（たち）の所有物（共有物）となるので、遺品・遺産を、相続人の許諾なく、第三者が勝手に処分することはできない。

しかし、相続人が一人もいない人が死亡した場合は、その遺産・遺品は全て、死亡と同時に自動的に「相続財産法人」となり、遺品・遺産の管理や処分については、家裁の審判で選任された「相続財産管理人」（多くは、故人と一面識もない弁護士）が、一連の清算処理の中で行なうことになる。

この相続財産管理人は、家裁の監督のもとで、故人の曖昧模糊とした財産関係を自らの手で紐解きながら、遺品・遺産を管理、清算し、残った財産を全て国庫に納入する役目を担う。

ところで、遺品・遺産の処分については、「遺言」にて行使することもできる。

すなわち、相続人が全くいない人が、自分の遺品・遺産を第三者に遺贈する（譲り渡す）旨の遺言書を生前に作成しておくことによって、自らの遺品や遺産の行き先を自由に定めることができるのである。

後の遺言の項目で述べるが、法的文書としての遺言には、遺言書に記載することによって法的効力が認められる「遺言事項」というものが法定されている。「遺言事項」以外のことを遺言に書いたとしても法的強制力は発生しない。つまり、遺言書には、基本、どのようなことでも野放図に書くだけなら書けるが、法的効力が発生するのは「遺言事項」を書いた部分だけということだ。

この「遺言事項」は、遺産を誰に、どのように、どれだけ譲り渡すかの定め、平たく言うと、

「遺品・遺産の処分」についての定めのことなのである。

このように、相続人が全くいない人の遺品・遺産の処分は、故人が遺した「遺言」での意思表示、遺言がなければ「相続財産管理人」による清算処理によってなされるのである。

「死亡直後の処理」をしてほしいなら、「死後事務委任契約」をしておくべきやで

「死後事務委任契約」&関係先に受任者の連絡先などを公表しておく

それでは、身寄りがなく相続人が全くいない人が死亡した時、遺品・遺産の処分等に関することを除く「死亡直後の処理」、たとえば、知人・友人、親類縁者、入会先、職場などへの死亡連絡、役所でのいろいろな手続き、葬式、供養、入院代の精算、運転免許証などの返納、「デジタル遺品」と呼ばれるスマホ、パソコン、記憶媒体、あるいはウェブ上に遺した各種データやアカウント等の削除、動植物の世話などについては、いったい誰がしてくれるのだろうか？

答えは、「誰もしてくれない」である。

「死亡直後の処理」を行なうよう、遺言書に書いたとしても、これらは「遺言事項」には該当しないため、法的効力は持たない（遺言で、遺言者から頼まれた人に、履行する義務はない）。

「死亡直後の処理」の依頼については、信頼している親友、親類縁者、終活関連業者、あるいは法律知識があり守秘義務を持つ弁護士・司法書士・行政書士などの法律専門家といった第三者と、生前のうちに「死後事務委任契約」を締結しておくべきである。

そして、締結と同時に、死後事務を引き受ける人（受任者）の連絡先や委任事項などを、入院先の病院、各種施設、職場、大家、隣人、友人、親類縁者などといった関係各所・立ち寄り先に対して公表しておくべきである。あるいは、自宅内の目に付きやすい場所にその旨を書いた紙を貼付する、手帳の見やすい箇所に記しておき、当該手帳を常時持ち歩く、もしくはエンディングノートに書いておくのもよい。

なお、死後事務を引き受ける人（受任者）に免許や資格は、全く必要ない。法律の専門職と死後事務委任契約を締結する場合は、弁護士に依頼するよりも、行政書士や司法書士などに依頼する方が、一般的に支払報酬が安い。

繰り返しになるが、「死後事務委任契約」とは、遺言書には書けない（厳密に言うと書くことはできるが、書いても法的な効力は発生しない）ことで、死亡直後に必要となる様々な作業や事務処理（＝「死亡直後の処理」）を、信頼できる第三者（親友や親類縁者、終活関連業者、または法律専門家など）が代理して行使する委任契約のことである。

特に身寄りもなく相続人も全くいない人にとって、このような契約を生前に締結し、関係先に受任者の連絡先や委任事項などを公表しておくことは、極めて重要なことである。

身寄りもなく相続人も全くいない人の「遺品・遺産の処分」は誰が行なうのか？

①故人が生前に「遺言書」を作成しておき、第三者に遺贈する。
②遺言書がなければ、家裁によって選任された、遺産の清算役である「相続財産管理人」が管理、清算し、遺産を最終的に国庫に納入する。
※「死後事務委任契約」では、遺品や遺産の処分は原則できない。

身寄りもなく相続人も全くいない人の「死亡直後の処理」は誰が行なうのか？

【原則】誰もしない。ただし、火葬・埋葬は市区町村長がしてくれる。
【任意】生前に信頼できる第三者と「死後事務委任契約」を締結しておく。
※「遺言書」には、「死亡直後の処理」の依頼を原則書けない（厳密に言うと、書くことはできるが、「遺言事項」ではないので、書いても法的強制力は発生しない）。

「死後事務委任契約」には、なんでもかんでも盛り込まれへん

近年、司法書士や行政書士といった法律専門家の中には、業務サービスの一つとして「死後事務委任契約」を提供するところが増えてきた。

「死後事務委任契約」とは、民法その他の法律で名称や内容が規定されている契約ではない。これは、委任者（故人）が、受任者（親類、友人、終活関連会社、法律専門家など）に、委任者が亡くなった後の事務処理につき代理権を付与する民法上の委任契約の一種である。

しかし、死後事務委任契約は――最高裁判決でも是認されている制度であるのだが――、法理論上の問題を抱えている。

すなわち、死後事務委任契約にて、委任者の死亡後に、遺産や遺品の処分を受任者が代理行使するという合意があった場合は、「相続法理」と抵触することになり、民法で厳格な要式が要求される遺言制度や、遺言執行者の制度の脱法行為ではないかと指摘されているのである。

これについて、死後事務委任契約に関する数々の研究業績がある高崎経済大学の谷口聡教授は、死後の事務委任が遺言制度を骨抜きにするという強力な脱法批判を、理論的に克服しない限り、死後事務委任契約を真に使い勝手のよい契約とすることは難しいと主張する。

死後事務委任契約に関しては、多くの論点があり、学説も入り乱れており、学界における議論の収束は依然見通せない。具体的にどのような内容、範囲のものなら死後事務委任契約として有効なのか、逆にどのような内容では認められないのか、今のところ、明確な基準などは示されていない。

重ねて言うことになるが、委任者（故人）と受任者（親類、友人、終活関連会社、法律専門家など）とが締結する死後事務委任契約に盛り込む内容によっては、相続財産管理人の制度、遺言

の制度、遺言執行者の制度などと衝突する可能性があるため、その設計は注意を要する。

死後事務委任契約は、少子高齢化、家族を取り巻く価値観や社会構造の変化、高齢者の多様化したニーズなどを背景に現場実務から発生し、利用者が増え続けている「待ったなし」の制度である。

しかし、死後事務を受託する事業者を指導監督する官庁も不明で、規制する法令も、業界団体も依然存在しない。これを利用する委任者側も、依頼を引き受ける受任者側も、実際の運用において暗中模索の部分が存在すると言っても過言ではない。

死後事務委任契約の実務上の取り扱いについて説いた文献が少ない中にあって、島田雄左氏、吉村信一氏「おひとりさまの死後事務委任」（2018年、税務経理協会）、及び吉村信一氏「死後事務委任契約の実務――士業のための『おひとりさま終活業務』の手引き」（2019年、税務経理協会）などは、一線で活躍する実務家の著作だけあって、大変参考になる良書である。

死後事務委任契約の具体例

最高裁判例（平成4年9月22日）及び松戸公証役場のウェブサイト（https://matsudo-koshonin.jp/shigojimu/index.html）を踏まえつつ、遺言の制度、遺言執行者の制度、相続財産管理人の制度などと相対立しないよう、死後事務委任契約の内容を、以下にて提案する。

言うまでもないことだが、以下に列記した内容は、あくまでも一例であって、死後事務委任契約に「全て盛り込まなければならない」ものではない。

なお、死後事務委任契約を「公正証書」の方式で締結することも可能で、この場合は、受任者と委任者が公証役場に出向き、手続きを行なう。費用はかかるが公正証書にすれば、公文書として法律上完全で高度な証明力を持ち、原本は公正役場に保管されるので、安心できる。

- 市区町村への死亡届の提出、火葬許可証の取得

※右について、法律専門家や終活関連業者などの受任者は、死亡届の「届出人」になれないが、死亡届の提出行為自体は、誰でも行なえる。

- 国民健康保険証、後期高齢者医療被保険者証、介護保険被保険者証、障害者手帳などの返却
- 日本年金機構へ年金受給権者死亡届の提出

※右について、日本年金機構にマイナンバーを登録している場合は、この手続きは省略できる。

- 住民票の除票の取得
- 未払医療費の精算
- 老人ホーム等の施設利用料の精算と入居一時金等の受領

「死後事務委任契約」の内容

遺品や遺産の処分	・病院などへの駆けつけ、遺体搬送手配 ・葬儀、埋葬、法要の施行 ・菩提寺の選定、墓石建立 ・親類、職場、知人、友人、自治会、同窓会、各種入会先、「遺言執行者」などへの死亡連絡あるいは遺書、メッセージの伝達 ・パソコン、スマホ、ウェブなどの「デジタル遺品」に遺されたデータやアカウントなどの消去 ・役所等での各種処理 ・ブログやSNSなどへの死亡告知 ・図書館で借りた本や、いろいろな預かり品の返却 ・動植物の世話 その他
▼ ❶遺言書で定める。 ❷遺言書がなければ、相続財産管理人が清算処理の中で行なう。	▼ 【原則】誰もしてくれない。 【任意】死後事務委任契約を締結する。

・病院などへの駆けつけ及び遺体搬送手配
・登録しておいた献体の実行
・通夜、告別式、法要の施行と費用支払
・納骨、埋葬、永代供養などの手配
・香典の取り扱いについて
・菩提寺の選定、墓石建立
・家賃・地代・管理費等の支払または敷金・保証金等の支払
・「相続財産管理人」の選任申立手続
※右について、相続人、養子、全部包括受遺者（全財産の遺贈を受けた者）などがいる場合は、「相続人不存在」ではないので「相続財産管理人」の選任申立は不要である。
・賃借建物明渡しに関する事務
・公共図書館で借りた本、その他預かり品などの返却
・「遺言執行者」や、遺言書を保管している人などへの死亡連絡及び検認申立依頼
・自治会、同窓会、勤務先、各種入会先、立ち寄り先などへの死亡通知
・親族、知人、友人、恩人などへの死亡連絡、メッセージの伝達、遺書などの送付
・警察署に運転免許証を、旅券事務所にパスポートを返納する
※右について、運転免許証などは有効期限が有り、失効する上に、死亡に伴う返却の義務も

ないが、身分証明書として悪用される危険性があるので、個人情報の取り扱いに慎重を期するのであれば返却処理をする。

- 入院中、世話になった人への謝礼金の支払
- ホームページ、ブログ、ツイッター、インスタグラム、その他SNS等への死亡の告知
- 「デジタル遺品」、すなわちパソコン、スマホ、記憶媒体、あるいはウェブ上につくられたデータやアカウントなどの停止、削除

※右について、「デジタル遺品」に遺された一定のデータ等は相続財産であって、相続対象になるのではないかという議論もある。

- 飼育動物、栽培植物などの世話
- それぞれの事務に関する費用の支払

生前から身辺にあるモノを取捨選別しとくべきやで

不要な有形のモノの処分を

「家主（家の主人のこと――筆者）が去った家に物が散乱し、万年床が敷かれたままのこと

も珍しくないが、例外もある。都内で亡くなった60代男性は『終活』が完璧だった。自宅には数字が書かれた箱が整然と置かれ、『印鑑は何番』『通帳は何番』『死後に連絡を取ってほしい人』などと記されたメモが残っていた。男性は若い頃に東北地方から上京。仕事一筋で独身だった。墓の準備まで済ませていたが、遺言状だけがなかった。
高価な遺品は換金するのが一般的だが、別の選択をしたケースもある。（中略）
家族に見守られ、静かに人生を閉じる臨終のイメージは今、大きく揺らいでいる。清算の現場からは、去り際の身支度の大切さが伝わってきた。（以下略）」
（日本経済新聞朝刊2019年7月8日付）

この新聞記事の、「飛ぶ鳥跡を濁さず」を地で行くような60代の男性は、生前のうちに身辺整理を完璧に行なっていた人であるが、このような人は、右の記事にも「例外」と書かれているように、少数派のようだ。

一人暮らしの人が亡くなった場合の身辺整理事情に関しては、本書のまえがきに書いた、筆者の義理の伯父のようなケースが依然として多いように思料される。

筆者が、約25年前に急死した一人暮らしで相続人がいない義理の伯父の家の片づけを手伝った際も、また、約10年前に子供がおらず、一人暮らしの義理の大叔母の住まなくなった住宅の家財・庭の植物などの整理・処分をした際も、さらに、数年前に一人暮らしでずっと独身を通してきた筆者の夫の伯母が急死したため、住んでいた賃貸住宅内の遺品の処分を行なった際も、この3件全て、彼らの自宅の中に置かれていたモノの8割、9割を、「ゴミ」として廃棄したのである。

この3件とも共通して、自宅の中は散乱した状態では決してなかったが、とにかくモノだらけ、種々雑多なモノモノモノであふれ返っていた。モノがありすぎて、どこに何が保管されているのか分からなかった。

まだ十分使えそうなモノもたくさんあり、もったいない気もしたが、時間も限られていたので、とにかく怒涛の勢いで、モノをゴミとして捨てまくった。そうでもしない限り、家の片付けは終わりそうもなかったからだ。

故人からすれば一つひとつのモノが生活に必要な、あるいは愛着のある大切な品々だったのが、死亡を境に、瞬時に「ゴミ」と化したことが、筆者らに感傷を残したものだ。

しかし、考えてみれば、これら3人の家の主たちが、生前のうちに、家の中の大量のモノを取捨選別して、自らの手で、あるいは回収業者に依頼して、積極果敢に処分することに努めていてくれたなら、筆者らは、もっと効率よく無駄なく円滑に、経費もかけずに作業が行なえたはずである。

なお、本項で言う「整理」とは、整頓し、整然と保管することを、「処分」とは、廃棄、第三者への無償・有償譲渡、寄贈を指すものとする。

身寄りがなく相続人が全くいない人の死後の遺品・遺産の整理、管理、処分などは、前述したように、遺言がない場合は、家裁で選任された「相続財産管理人」が清算処理の過程の中で執行することになる。

身寄りがなく相続人が全くいない人の死亡直後に、相続財産管理人が遺品・遺産の清算処理のため、故人の自宅に乗り込んできた時、そこにあるモノがきちんと整頓され、不要品は全て処分され、かつ重要書類等の保管場所など誰が見ても一目瞭然となっていれば、それは非常に望ましく、ありがたいことであろう。

これは、「死後事務委任契約」の履行のため、委任者（故人）の死後にその自宅に立ち入る必要がある行政書士や司法書士、終活関連業者などの受任者にとっても同様のことである。

２０１７年9月にＮＰＯ法人国境なき医師団日本が行なった意識調査で、全国の15歳〜69歳の男女１０００名に対し、「もし老後におひとりさまになった場合、どのような終活をすることが大事だと思うか？」と尋ねたところ（複数回答）、最多回答は「身の回りの整理」（47％）、次いで「終の住処を探す」（32％）、「葬儀・遺品整理の依頼」（30％）であったということだ。

おひとり様になった場合は、生前のうちに自分の身辺にある有形または無形のモノの整理・処分を積極的に行なうことが大切であるとの認識が、多くの人にはあるということだ。

もちろん無形のモノの処分も

身寄りがなく相続人が全くいない人は、自分自身が保有する有形のモノの整理・処分のみならず、同時に無形のモノの整理・処分も、生前のうちに行なうべきだ。

たとえば、以下のようなものが考えられる。

- 残高が残っているが全く使用していない銀行口座があれば解約し、銀行預金はできるだけ1〜2口座に収斂しておく（以後は増やさない）。
- 今後使わない会員契約などは抹消しておく（以後は増やさない）。
- 定期的に自宅に郵送されてくる営業系ダイレクトメールや、会誌などは配信停止にしておく（以後は増やさない）。
- 年賀状の送付も、来年元旦を最終年として、相手方に通知した上でストップする。
- パソコン、スマホ、記憶媒体における履歴、画像、動画、自他の個人情報などのデータなどを消去しておく（以後は重要なものだけストックする）。
- ログインしないウェブサイトのアカウントは削除する（以後は増やさない）。

——こういったことも重要である。

第3章
「遺産」が「国のもの」になるプロセス

相続人がいない遺産は、誰のものになるのか？

そもそも「相続財産」って何やろ？

一般的に、遺産分割の対象となる、民法上のいわゆる相続財産（本書ではしばしば「遺産」と呼んでいる）として考えられるのは、たとえば次のようなものである。

預貯金、仮想通貨、不動産、農地、積立保険、有価証券、借地権、特許権、著作権、ゴルフ会員権、漁業権、損害賠償請求権、車両、金地金、宝石・貴金属、書画・骨董品、楽器、パソコン、家財、調度品、書籍、ブランド品などといったプラスの遺産（資産・権利）、あるいは借金、住宅ローン、連帯保証債務、損害賠償債務、買掛金、各種税金の未払分、課金の未払分、クレジットカードの残債などといったマイナスの遺産（負債・義務）などがある。

人が死亡すると、死亡と同時に、故人（被相続人）が保有するプラスの遺産もマイナスの遺産も、相続人が全て丸ごと受け継ぐ。

複数いる相続人のことを共同相続人といい、相続財産の所有権は、被相続人（故人）の死亡と同時に共同相続人に移転する。遺産分割が確定するまでは共同相続人たちの共有となる。

ただし、「一身専属権」は相続の対象とならず、相続人が引き継がない。一身専属権とは、当人のみに成立し、行使することができる権利等のことである。

これにはたとえば、生活保護受給権、代理人の地位、身元保証人の地位、会社などにおける職位、親権、認知請求権、扶養請求権、運転免許、医師国家資格、営業許可などが該当する。こういった権利や資格・免許などは相続財産ではないので、相続人には受け継がれない。

また、契約者（保険料負担者）及び被保険者が故人で、受取人として別人が指定されている死亡保険金は、受取人個人の固有財産なので相続財産ではなく、相続人が引き継がない。

さらに、故人以外の者が受取人として、社内規程その他で指定されている死亡退職金なども相続財産には該当しない。

以上から、生命保険金や死亡退職金などは、民法上の「相続財産」ではない。しかし、生命保険金や死亡退職金は、税法上の「みなし相続財産」として相続税の計算に算入され、課税対象にはなる（後述）。

祭祀財産、すなわち墓地、仏壇、神棚、位牌、遺骨などは、祖先の祭祀を主宰すべき者（祭祀主宰者）が承継するので、相続財産ではない。

加えて、香典や供花代などは、葬式費用を支払うために喪主（葬儀主宰者）に贈与されたものと考えられるため、相続財産ではない。なお、香典などは、贈与税も所得税も非課税である。

ちなみに、前に述べたように、故人の自宅内の「遺品」と「相続財産」は、なかなか区別し難い。第三者からの預かり品などは相続財産ではないのは確実にしても、遺品の大方は相続財産だと考えられる。相続財産とは、遺品及び遺産のことを指す。

法定相続人（民法で定められた相続人）って、誰なんやろ？

そもそも、自分の法定相続人（＝民法で定められた相続人）は、いったい誰なのか、誰がなるのか、よく分からないという人も少なくない。

相続人の範囲と順位の基準は、次のようになる。

①配偶者（内縁を除く）は、常に相続人となる。

②第1順位――子（実子・養子）及びその代襲相続人（孫）が相続人となる。

第2順位――第1順位者がいない場合は、直系尊属（父母や祖父母などだが、親等の近い者が優先）が相続人となる。

第3順位――第1順位者及び第2順位者がいない場合は、きょうだい（父母の片方を同じくする半血きょうだいも含む）及びその代襲相続人（甥・姪）が相続人となる。

法定相続人の範囲、法定相続分などについては、次（78〜79頁）に示す「早見表」を参照されたい。

ちなみに、筆者の知り合いに、独身を通し、当然子もおらず、親もきょうだいも既に亡いが、甥が1人だけいるという人がいるのだが、その人は長年「自分の相続人は一人もいない」と、純粋に思い込んでいた。

――このように、自分のきょうだいの子である甥や姪も相続人になるということを知らないという人が少なからずいるようだ。なお、甥や姪は養子でもよい。

結局、相続人として有り得るのは、①配偶者のみ、②子のみ（または孫のみ）、③直系尊属のみ、④きょうだいのみ（または甥姪のみ）、⑤配偶者＋子（または孫）、⑥配偶者＋直系尊属、⑦配偶者＋きょうだい（または甥姪）の7パターンとなる。

ここから分かるように、本書が記述対象としている人、すなわち、両親は既に死亡し、きょうだいはなく（あるいはきょうだいがいたが先に死亡し）、未婚で（あるいは配偶者と死別または離別し）、子（実子または養子）もおらず、甥姪もいないという人が亡くなった場合は、1人も法定相続人が存在しないということになる。

いくら血がつながっているにしても、伯叔父母（おじとおば）、いとこ、親のいとこ、いとこの子などは、自分の相続人ではない。

「相続人不存在」とは？

相続人がいない状態を、「相続人不存在」と言うが、法律的な言い方としては「相続人のある

備考
・実子が先に死亡した場合は、実子の子（＝実孫）が代襲相続する（孫も先に死亡した場合は曾孫が代襲相続する）。 ・養子が先に死亡した場合は、「養子縁組後」に生まれた養子の子が代襲相続する。
・実子が先に死亡した場合は、実子の子（＝実孫）が代襲相続する（孫も先に死亡した場合は曾孫が代襲相続する）。 ・養子が先に死亡した場合は、「養子縁組後」に生まれた養子の子が代襲相続する。
父母が死亡していても、祖父母が存命なら、祖父母が相続する。
父母が死亡していても、祖父母が存命なら、祖父母が相続する。
・きょうだいが先に死亡していた場合は甥姪が代襲相続する。代襲相続できるのは甥姪まで。甥姪の子には相続権なし。 ・父母の一方のみを同じくするきょうだい（半血きょうだい）は、同順位の全血きょうだいの相続分の× 1/2 となる。
・父母や祖父母などの直系尊属がいれば、きょうだいには相続権なし。 ・父母が死亡していても、祖父母が存命なら、祖父母が相続する。
・父母や祖父母などの直系尊属がいれば、きょうだいには相続権なし。 ・父母が死亡していても、祖父母が存命なら、祖父母が相続する。
・きょうだいが先に死亡していた場合は甥姪が代襲相続する。代襲相続できるのは甥姪まで。甥姪の子には相続権なし。 ・父母の一方のみを同じくするきょうだい（半血きょうだい）は、同順位の全血きょうだいの相続分の× 1/2 となる。
・遺言書で遺贈をしていれば受遺者へ。 ・分与請求があれば特別縁故者へ。 ・以上のような人がいない場合、或いは特別縁故者への分与後も未だ遺産が残っていれば、遺産は全て国庫に帰属する。

法定相続分早見表

<table>
<tr><th colspan="2">相続関係</th><th>法定相続人</th><th>法定相続分</th></tr>
<tr><td rowspan="3">子(実子・養子)がいる場合</td><td rowspan="2">配偶者がいる場合</td><td>子(実子・養子)</td><td>1/2</td></tr>
<tr><td>配偶者</td><td>1/2</td></tr>
<tr><td>※配偶者がいない</td><td>子(実子・養子)</td><td>全部</td></tr>
<tr><td rowspan="3">父母がいる場合
※子(実子・養子)、孫がいない</td><td rowspan="2">配偶者がいる場合</td><td>父母</td><td>1/3</td></tr>
<tr><td>配偶者</td><td>2/3</td></tr>
<tr><td>※配偶者がいない</td><td>父母</td><td>全部</td></tr>
<tr><td rowspan="6">きょうだいがいる場合
※子(実子・養子)、孫がいない</td><td rowspan="2">配偶者がいる場合</td><td>きょうだい</td><td>1/4</td></tr>
<tr><td>配偶者</td><td>3/4</td></tr>
<tr><td>父母がいる場合</td><td>父母</td><td>全部</td></tr>
<tr><td rowspan="2">配偶者と父母がいる場合</td><td>配偶者</td><td>2/3</td></tr>
<tr><td>父母</td><td>1/3</td></tr>
<tr><td>※配偶者、父母、祖父母がいない</td><td>きょうだい</td><td>全部</td></tr>
<tr><td rowspan="2">※子(実子・養子)、孫、祖父母、父母、きょうだい、甥姪がいない</td><td>配偶者がいる場合</td><td>配偶者</td><td>全部</td></tr>
<tr><td>※配偶者がいない</td><td>⇒</td><td>⇒</td></tr>
</table>

ことが明らかではない」という（民法951条）。

相続人のあることが明らかでない場合は、相続人を捜索することになる。相続人が全く存在せず、誰も受け継がないことが確定した相続財産は、一定の手続きを経て、終局的には国庫に帰属する。

「相続人不存在」の状態としては、次の三つのようなケースがある。

①もとより相続人が全く存在しないというケース。
②相続人や代襲相続人（＝相続人に代わって相続人になった、相続人の子）がいたのだが、被相続人（故人）より先に死亡したというケース。
③相続人は存在するのだが、のちに相続人ではなくなったというケース。
これには、次の三つのようなケースが該当する。
・相続人全員が、家裁に相続放棄を申述したケース。
・被相続人（故人）が推定相続人の相続権を剥奪する内容の遺言を行なった、または家裁に廃除審判の申立をした（かつ代襲相続人が存在しない）ケース。

・相続人が詐欺や脅迫によって遺言を撤回、取消、変更させた、あるいは被相続人や同順位または先順位の相続人を故意に殺害・殺害しようとしたなどで相続欠格者となった（かつ代襲相続人が存在しない）ケース。

ちなみに、戸籍上法定相続人は確かに存在するのだが、相続人が行方不明（音信不通）となっている場合、あるいは全部包括受遺者（相続財産全部の包括遺贈を受ける者）を遺言で定めたような場合は、「相続人不存在」には該当しない。

相続人がいない遺産を国のものにしてしまうのは誰か？

相続財産管理人が選任される

相続人の存否が明らかではない人が亡くなり、「相続人不存在」の状態となり、故人に遺産があれば、遺産は死亡日付で、何らの手続きも必要なく自動的に「相続財産法人」として法人化する（民法９５１条）。「相続財産法人」は、被相続人の権利義務を承継した相続人と同様の地位を持つ。そして、法人化した遺産は清算処理され、最後まで残った遺産が国庫に納入されるまでの一連の作業が行なわれる。

その第1段階として、まずは、遺産の清算役である「相続財産管理人」が、家庭裁判所の審判によって選任されなければならない。「相続財産管理人」は、相続財産法人の代表者だといってもよい。

身寄りがない人が死亡したとの市区町村長から通知を受けた「検察官」、あるいは身寄りがない人に債権を有する者（何らかの請求権を持っている人）や、受遺者（遺贈を受ける者）などの「利害関係人」が、被相続人の最後の住所地を管轄する家庭裁判所に「相続財産管理人選任中立て」（民法952条）の請求をすると、相続財産管理人の選任審判が下る。

そして、相続財産管理人選任の申立をした人の元に、選任された相続財産管理人の住所、氏名などが書かれた審判書が送付され、その旨が遅滞なく官報で公告される。

この公告期間内に、もし故人の相続人が早速見つかった場合は、相続財産管理人が、相続人に相続財産と、以後の手続きを引き継ぎ、相続財産法人はこの時点で解散することになる。

相続財産管理人は、誰がなるんやろ？

申立時に申立人が推薦した候補者が必ずしも相続財産管理人に選任されるわけではなく、被相続人との利害関係の有無などを考慮して、相続財産を管理するのに最適だと認められるような人が、家裁によって選任される。相続財産管理人に必要な資格などはないので、被相続人の親族が選任されることも、往々にしてある。

最近では、家裁が事前に選定した候補者の中から、事件ごとに適任者を選ぶ傾向があり、受任実績などに基づいて弁護士、司法書士などの法律専門職が、家裁の職権で選任されることが多い。地元の弁護士会や司法書士会などが、相続財産管理人候補者名簿を家裁に提出し、裁判所の便宜に供しているところもあるようである。官報を調べる限り、相続財産管理人の7割は、弁護士が就任している。

民法には、家裁への相続財産管理人選任の申立請求ができる者として、検察官及び利害関係人が規定されているが、多忙のゆえか？　予納金の節減のゆえか？　検察官からは滅多になされない。利害関係人が家裁に請求するケースがほとんどである。

ここでいう利害関係人として、たとえば、次のような個人・機関が考えられる。

- 遺産の一部または全部の分与を請求したい特別縁故者

(例) 生計を同じくしていた内縁の妻や夫、亡き息子の妻などの相続権のない親族、養子縁組届を出していない事実上の養子、被相続人の療養看護や介護に善意で努めてきた人（家政婦、看護師、介護士などの職業従事者を除く）。

- 被相続人の債権者等

(例) 滞納された地代家賃等を回収したい賃貸人、被相続人の葬祭・埋葬費用を立て替えた人、被相続人の不動産に担保権を設定した金融機関、被相続人に生前に商品を売ったが代金を未だもらっていない人、被相続人から不動産を購入したが、未だ移転登記をしてもらっていない人など。

- 被相続人の債務者等
- 相続放棄した元相続人
- 特定遺贈を受けた者、割合的一部の包括遺贈を受けた者
- 遺言執行者
- 死亡時における成年後見人等
- 立替費用を徴収する目的の市区町村長
- 徴税官庁としての国・地方公共団体
- 公共事業等で土地を買い上げたい場合の国、地方公共団体

家裁に相続財産管理人の選任申立てを行なう際には、申立人が、予納金を納付しなければならないことがある。

予納金とは、相続財産管理人にかかる諸経費や報酬に相当するものである。遺産が多額にあり、相続財産管理人の報酬等が遺産から支払えることが確実であれば予納金は必要ないのだが、支払えないケース、支払えるかどうか不明確なケースでは予納金が必要となる。

この予納金の金額は、20万円から100万円程度で、家裁が案件の内容や難易度を勘案して

具体的な金額を決定する（逆に言うと、ここから相続財産管理人の報酬が予想できる）。
遺産から相続財産管理人に報酬等を支払うことができる場合は、申立人に予納金が返戻されるのだが、相続財産管理人に報酬等が支払えないほど財産が残っていない場合は、申立人が予納金を負担することになる。

したがって、大前提として、まず財産が多額に残っていて、負担した予納金が返戻される公算があるとか、あるいは予納金の額を上回るような多額の遺産を譲り受ける受遺者とか、財産分与請求をする特別縁故者などでない限り、相続財産管理人の選任の申立請求を行なうことは、かかる手間と費用を考慮すれば、大変躊躇される行為である。

２０１９年７月８日付の日経新聞朝刊によると、相続財産管理人は１８９８年に始まった歴史のある制度だが、２０００年代に入って相続財産管理人の選任数が急増し、２０００年の７６３９人から、２０１７年の２万１１３０人へと約２・７倍に増加し、初めて年間２万人を突破した。

これについて、同記事は、少子高齢化や未婚率の上昇を背景とした、「相続人が全くいない人」の増加を表わすものだとする。一方、相続財産管理の実務に詳しい司法書士の正影秀明氏は、相続放棄件数の増加や、成年後見人による相続財産管理人の申立件数の増加などが影響しているのではないかと指摘する。

相続財産管理人がいないケースもあるので

後で再三触れることになるが、遺言で「私の財産全部をAに遺贈する」（＝全部包括遺贈）や、あるいは「私の財産の3分の2はBに、残り3分の1はCに遺贈する」（＝複数の割合的一部を足せば全部包括遺贈の状態になる）と書くことによって全部包括受遺者が存在する場合は、「相続人不存在」状態とはならず、相続財産管理人を選任する必要はない。

したがって、このような全部包括受遺者への遺産全部の引き渡しや移転登記などの諸々の処理は、相続財産管理人が存在しないので、相続財産管理人ではなく、「遺言執行者」が単独で処断することになる。そのため、遺言で遺言執行者の指定がされていなければ、家裁に遺言執行者を選任してもらわなければならない。

なお、相続人が戸籍上確かに存在するのだが、行方不明になっているなどして、だいたい1年以上にわたり、音信不通状態が継続している場合は、その相続人は「不在者」となる。こういった場合は、相続人の「不存在」にはならない。不在者には「不在者財産管理人」の選任が行なわれる。

相続財産管理人の選任申立をするには？

［申立人］利害関係人、検察官

［申立先］被相続人の最後の住所地の家庭裁判所

［申立てにかかる費用］
- 収入印紙800円分
- 連絡用の郵便切手
- 官報公告料4230円
- 予納金

［申立必要書類］申立書

［標準的な申立添付書類］
- 被相続人の出生時から死亡時までの全ての戸籍（除籍、改製原戸籍）謄本
- 被相続人の父母の出生時から死亡時までの全ての戸籍（除籍、改製原戸籍）謄本
- 死亡している被相続人の子の、出生時から死亡時までの全ての戸籍（除籍、改製原戸籍）謄本
- 被相続人の直系尊属の死亡の記載のある戸籍（除籍、改製原戸籍）謄本

・死亡している被相続人の兄弟姉妹の、出生時から死亡時までの全ての戸籍（除籍、改製原戸籍）謄本
・死亡している代襲相続人の、死亡の記載がある戸籍（除籍、改製原戸籍）謄本
・被相続人の住民票除票または戸籍附票
・財産が不動産である場合は、登記事項証明書（登記情報提供サービスで取得する場合は、全部事項の不動産登記情報）。ただし、未登記不動産である場合は固定資産評価証明書。
・財産が預貯金や有価証券などである場合は、その残高が分かる通帳のコピー、証券会社発行の残高証明書など。
・利害関係人からの申立ての場合は、利害関係を証する資料として、戸籍謄本、金銭消費貸借契約書のコピーなど。
・相続財産管理人の候補者がある場合は、その者の住民票または戸籍附票
（※戸籍謄本は戸籍全部事項証明書、除籍謄本は除籍全部事項証明書などと呼ばれる。）

遺産は、相続財産管理人の手で国庫に「納入」される

相続財産管理人の「権限」とは？

選任された相続財産管理人は、家裁の監督のもとで公正誠実、円滑迅速に、相続人と相続財産の有無等の調査、財産目録の調製、遺産の現状維持や利用改良に当たる保存・管理行為（登記、納税、預金や保険の満期後解約、期限到来後の債務の弁済、修繕・清掃依頼など）を行なう権限・職務を持つ。

しかし、遺品・遺産を保存、管理するよりも、処分する方がメリットが大きいと判断される場合は、家庭裁判所の権限外行為許可の審判を得た上で、処分行為（廃棄、取り壊し、譲渡、担保権設定、保険や預金の満期前解約など）を行使することができる。

なお、相続財産管理人が、一連の清算処理の過程で、遺産を不正に費消した場合などには、相続財産管理人を解任されるほか、損害賠償請求を受けるなど、民事上の責任を問われたり、あるいは業務上横領などの罪で刑事責任を問われたりすることがある。

遺産が国庫に「納入」されるまでの流れ

相続財産管理人が選任された旨の公告から2ヶ月以内に、相続人が見つからなかった場合は、相続財産管理人は遅滞なく、全ての債権者や受遺者などに対して2ヶ月以上の期間を定めて請求の申出をするよう公告を行ない（民法957条）、申出をしてきた債権者や受遺者などに対して、遺産の中の預貯金から順次支払いをしていく。

もし預貯金が不足する場合は、遺産の中の不動産や動産、その他の資産を競売または任意売却の方法で換価し、弁済に充てる。

この清算後、依然として相続財産が残っていれば、家庭裁判所は6ヶ月以上の期間を定めて、相続人捜索の公告を行なう（民法958条）。

この時点で相続人が見つかれば、相続人に相続財産を全て引き継ぎ、相続財産管理人の管理はここで終了し、相続財産法人は解散となる。

しかし、この期間内に相続人が出現しなかった場合は、「相続人不存在」が確定し、この時点を以て、債権者や受遺者などの請求権は失効する（民法958条の2）。

そして、上記期間満了後3ヶ月以内に、特別縁故者からの相続財産の分与請求があれば、家裁の審判により、残っている遺産の全部または一部が特別縁故者に分与される（民法958条の3）。

特別縁故者に財産が分与され、さらに相続財産管理人への報酬の支払がされた後、それでも残った遺産は、全て国庫に帰属する（民法959条）。

ちなみに、相続財産管理人への報酬であるが、報酬額は家裁の審判によって決定されるが、相続財産管理人が親族である場合は無報酬、一方、弁護士や司法書士などの専門家の場合は、業務の難易度や管理技術の巧拙などにより月額1～5万円ほどとなる。

話を戻す。遺産が国庫に帰属する手続きは次のようになる。

不動産の場合は、相続財産管理人が、現地において、不動産管轄地の財務局長に不動産引継書をもって引き渡す。

現金の場合は、相続財産管理人が、家裁の歳入徴収官宛の納入告知書にて納付することによって引き渡す。

有価証券は、相続財産管理人が、財務局長に有価証券の現物を引き渡す。

金銭債権は、債務者が直接納入告知書にて納付する。

物品等や外国通貨などの動産類は、相続財産管理人が、家裁を通じて物品管理官に引き渡す。

相続財産管理人が、家裁に対し「管理終了報告書」を提出した後、全ての業務が終了する。相続財産法人の法人格並びに相続財産管理人の権限は、全ての遺産の引き継ぎ完結後に完全に消滅する。ここまで全ての完了に最低でも13ヶ月以上を要する。

以上、相続財産管理人の清算処理開始から国庫帰属までの一連の流れは、次の「相続人がいない人の遺産が国庫帰属するまでの流れ」に示すので参照されたい。

おひとり様の相続
［4つの対策］

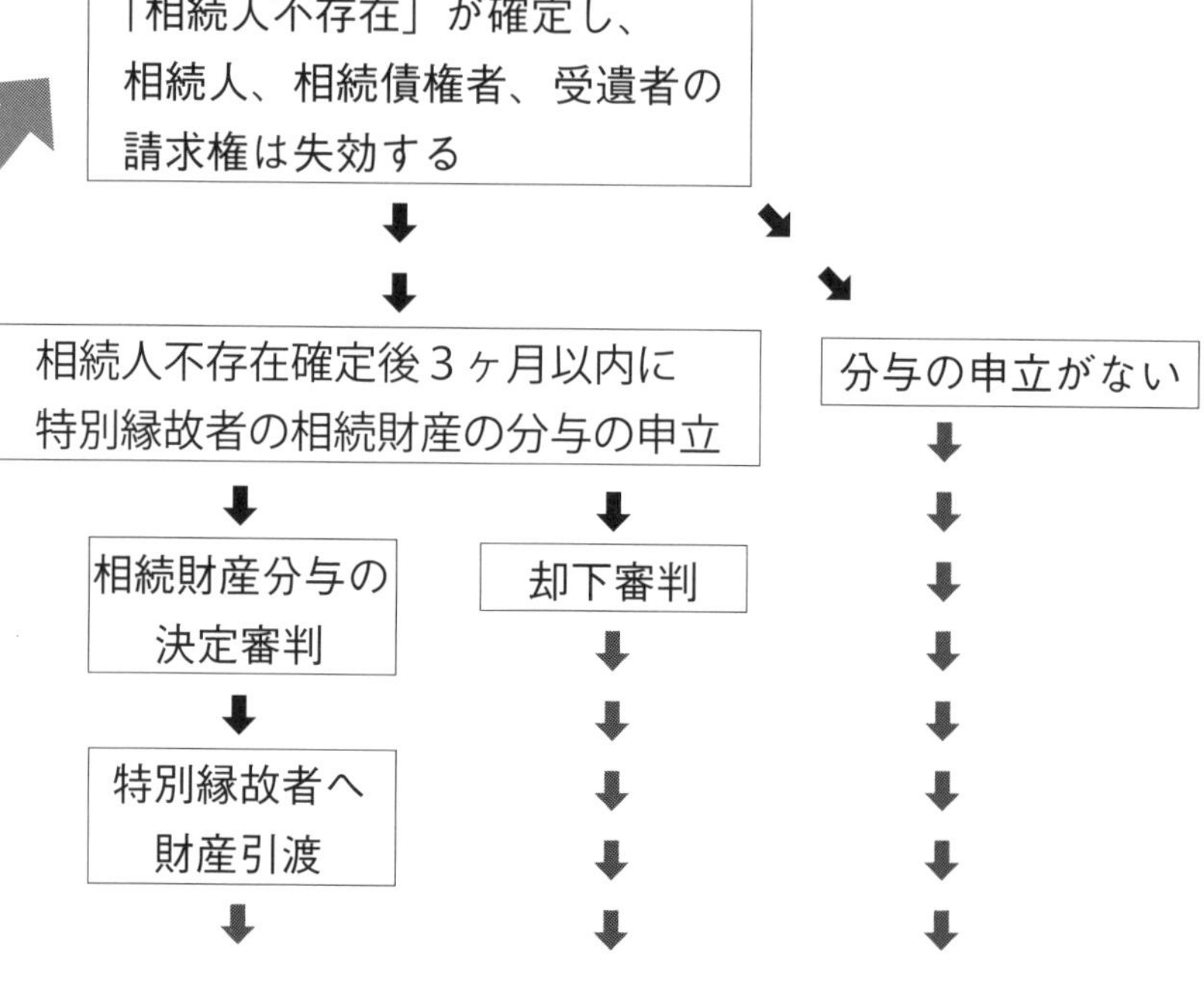

家裁の報酬付与の審判を経て
相続財産管理人が報酬を受領する

残余財産があれば
財産は国庫に帰属する

管理終了

相続人がいない人の遺産が
国庫帰属するまでの流れ

相続人のいない人が死亡

死亡日付で全ての相続財産は
「相続財産法人」となる

利害関係人等が家裁に
相続財産管理人の選任の申立をする

相続財産管理人選任の家裁の審判

相続財産管理人選任の官報公告
（公告期間２ヶ月）

債権者や
受遺者などへの
請求申し出の公告及び催告
（公告期間２ヶ月以上）

残余財産がなければ、管理終了

残余財産があれば、
相続人の捜索の公告
（公告期間６ヶ月以上）

相続人が出現すれば、相続人に相続財産を引き継ぎ、管理終了

相続人が出現せず

右ページへ

ちなみに、相続人、受遺者、特別縁故者などがおらず、国庫に帰属した財産の総額が、2012年度は約375億円だったが、その5年後の2017年度は40％増しの約525億円にも上り、その額は、年々増加の一途を辿っている。政府内にはこれを「隠し財源」として注目する向きもあるという。

国にとられない遺産という例外もあるで

共有持分は、ほかの共有者が受け継ぐ

相続人が全くいない人が、その財産の全ての権利を保有するのではなく、そのうちの一部、すなわち「持分」を保有する場合で（つまり、ほかに共有者がいる場合）、特別縁故者が財産分与を請求した時は、特別縁故者への財産分与が優先され、その「持分」は、特別縁故者のものになる。

しかし、特別縁故者が存在しない場合、特別縁故者への分与が認められなかった場合、あるいは特別縁故者へ分与した後、それでもなお、遺産の中にその「持分」が残余した場合は、その「持分」はほかの共有者のものになる。よってこの場合は、当該「持分」は国庫に帰属しない。（最二小判平成元年11月24日）

特許権などは消滅する

特許権は、債権者や受遺者、また、相続人捜索の公告（民法958条）の期間内に権利を主張する者などがいないことが確定した時点で消滅する。

つまり、特許権は、特別縁故者がいたとしても特別縁故者への分与対象とならず、自動的に消滅するため国庫に帰属しない。

この規定は商標権、意匠権、実用新案権などその他の工業所有権についても同様である。

ちなみに、「著作権」については、相続人、債権者、受遺者がおらず、かつ特別縁故者への分与がないことが完全に確定した段階で、自動的に消滅する。よってこの場合も著作権は国庫に帰属しない。

これは、国庫に帰属させるより、特許権などの知的財産権を消滅させて、一般公衆が自由に利用できるようにした方が産業の発達に資するためだからである。（特許法第76条）

第4章
「遺産」を「国のもの」にしないための4つの対策

①遺贈、②養子縁組、③生前贈与、④売却・換金

【1つ目の遺産対策】

遺言書を作成し、遺産をあげたい人に「遺贈」する

ただし、借金が多い場合は、「包括遺贈」したらあかんで！

遺言書に書くことができる「遺言事項」って、何やろ？

法律用語としての遺言は、しばしば「いごん」と発音される。遺言とは、遺言者本人が、自分の財産を誰にどのように譲り渡すか、最終の意思を表示し、死後にその効力を発生させることができる法律行為（単独行為）である。

遺言書とは、民法で定められた法的効力を持つ、れっきとした法的文書なのである。単なるメモ書きや「エンディングノート」とは全く異なる。

相続財産管理人による清算処理を経て、最後まで残った遺産は、国庫に納入される。相続人が全くいない人が、「自分の遺産が国庫に帰属される事態を回避したい。自分の財産は自分が譲りたいと思う個人や法人に譲り、その人たちに有効活用してもらいたい。自分の財産の行き先を自分自身で決定しておいてから死にたい」と切望するのであれば、遺言書を作成することで解決する。

遺言をするには、遺言書を書面で作成しなければならないのだが、遺言書に書いておけば、どんなことでも必ず法的な拘束力が発生するというわけではない。原理的に、遺言書にはどのようなことでも書けるのだが、法的効力が発生するのは、民法その他の法律によって規定されている「遺言事項」を書いた部分だけだ。

「遺言事項」とは、遺産を誰に、どれだけ、どのように譲り渡すかを定めたもの、端的に言うと「遺産の処分」についての定めであって、要するに、遺言書は、「遺産の処分」について定めた法的文書ということになる。(細かいことを言えば、遺産の処分以外にも、「認知」なども遺言で定めることができるのだが。)

遺言書に、たとえば「私の葬式でBGMとして××を流してほしい」とか「樹木葬にしてほしい」とか「ブログに死亡告知をアップしてほしい」などと書いても法的な強制力は認められない(頼まれた人に履行義務はない)。

こういった、遺産の処分以外の「死亡直後の処理」を誰かに頼む場合は、前にも述べたが、生前のうちに、信頼できる友人や親類、あるいは司法書士・行政書士など公正誠実で社会的信用がある法律専門家、もしくは終活関連業者などと「死後事務委任契約」を締結しておくことだ。

また、遺される親族・知人・友人・恩人などに個人的なメッセージや感情を伝えたい場合は、遺書(いしょ)やエンディングノートに書き遺すといい。あるいは「遺言書」の末尾に「付記」、「補記」、「追記」などとして書いても特に問題はない。

次に、生前のうちになすべきことを分類して示す。

身寄りがなく相続人が全くいない人が、「遺産の処分」以外の「死亡直後の処理」を依頼したい場合

↓「死後事務委任契約」を締結する。

身寄りがなく相続人が全くいない人が、「遺産の処分」について定めたい場合

↓遺言書を作成する。

個人的な感情やメッセージを伝えたい場合

↓遺書、エンディングノート、あるいは遺言書の末尾などに書き遺す。

遺言書に書くと法的効力を生ずる「遺言事項」として、次のようなものが法定されている。

①相続に関する事項

- 共同相続人の相続分の指定、または第三者への指定の委託
- 遺産分割方法の指定、または第三者への遺産分割方法の指定の委託

- 遺産分割の禁止
- 遺産分割における担保責任に関する別段の意思表示
- 遺留分侵害額請求権の方法の定め
- 推定相続人の廃除または廃除の取消※

②身分上の事項

- 認知※
- 未成年後見人、未成年後見監督人の指定

③財産に関する事項

- 包括遺贈、特定遺贈、負担付遺贈、清算型遺贈など
- 死亡生命保険金の保険金受取人の変更
- 一般財団法人の設立、寄付
- 信託の設定

④遺言の執行に関する事項

- 遺言執行者の指定、または第三者への指定の委託

⑤その他

- 祭祀主宰者の指定
- 特別受益の持戻しの免除

なお、右項目の下に※を付けた「推定相続人の廃除または廃除取消」及び「認知」を遺言書に書いた場合は、遺言執行者の就任が絶対に必要となる。つまり、これらは、遺言執行者にしか執行できない手続きなのである（相続人や相続財産管理人では執行できない）。

包括遺贈と特定遺贈

どんな人に遺贈できるんやろ？

遺贈とは、遺言書（公正証書遺言、自筆証書遺言、秘密証書遺言）を作成することによって、遺贈者（遺産を譲り渡す側・故人）の資産の全部または一部を、無償または一定の負担付で、受遺者（遺産を受け取る側）に、遺贈者の死亡を以て譲渡することを言う。

遺贈は、次に述べる包括遺贈と特定遺贈の2種類が一般的であるのだが、「清算型遺贈」と言って、遺言執行者を指定し、その遺言執行者が故人の遺産を売却し、売却代金を相続人または受遺者に分配する遺贈方法もある。

受遺者は、相続人ではないおじ・おば、いとこ、いとこの子などの親族でもいいし、別に親族である必要もない。知人、友人、同僚、恩人、お腹の胎児など、どのような人でもよい。0歳児でも中高生などの未成年者でもよい。

また、受遺者は法人でもよいので、遺産を、会社、学校、病院、宗教団体、慈善団体、福祉団体などの法人に寄付（遺贈寄付）することもできる。ただし、法人や団体などに本気で寄付を考える場合は、その法人がどのような種類の財産を受け入れることができるのか、相手方への事前確認が大事である。

ところで、ペットの犬や猫に対しては、遺贈をすることはできない。ごく稀に「飼い犬や飼い猫に全財産を遺贈する」との遺言を書く人がいるらしいが、書いた部分は無効となる。

このように、自分が死んだ後、ペットのことが心配になる場合は、信頼できる知人・友人などに、「ペットを引き取り、死ぬまでちゃんと面倒を見ること」を条件として、何らかの財産を譲り渡す遺言（負担付遺贈）をする方法もある。

なお、遺贈は、遺言者（遺贈者）が行なう「単独行為」なので、遺贈の遺言をする際に前もって相手方である受遺者の同意を得る必要はない。

ちなみに、受遺者が、遺贈で遺産を受け継ぐには、遺言者（遺贈者）の死亡時に、受遺者自身が生存している必要がある。遺言者よりも受遺者の方が先に死亡した場合は、遺贈は無効である（相続と異なり、子や孫が代襲しない）。

包括遺贈って何やろ？

包括遺贈とは、遺言書に、「私の財産全部を友人Cに遺贈する」、あるいは「私の遺産の2分の1をAに、残り2分の1をBに遺贈する」などと書くことによって、遺産の全部または一定の割合を指定する譲渡方法のことを言う。

包括受遺者（包括遺贈を受ける者）は、相続人とほぼ同一の権利義務を持つので、プラスの資産は当然として、もし借金などのマイナスの資産があれば、遺贈された割合にしたがってマイナスの資産も当然に受け継ぐ。この場合、包括受遺者（包括遺贈を受ける者）は、自らの私有財産を処分してでも借金の弁済責任を負うことになるため（＝無限責任）、包括受遺者にとっては至極迷惑なケースも存在し、遺言で遺贈をする際は注意を要する。

遺言者（遺贈者）の遺産を勘定すると、プラスの資産より、借金などのマイナスの資産の方が多いことが判明した場合は、包括受遺者が、自分が遺贈を受けることを知った日から3ヶ月以内（期間伸長の申立可能）に、家庭裁判所に申述して遺贈を放棄する。もし、3ヶ月以内に放棄の申述に行かなければ、包括受遺者が遺贈を全面的に単純承認したことになり、私財を充ててでも借金の弁済をしなければならないので注意を要する。

したがって、遺言者（遺贈者）は、包括受遺者の人生を苦しませたくなければ、死ぬまでに借金などを完済しておくか、マイナスの財産があったとしても、それを圧倒的に上回るプラスの財産を遺しておくべきである。

包括受遺者は、相続人とほぼ同一の地位を有するので、もし、相続人やほかに包括受遺者などが複数いれば、彼ら全員と「遺産分割協議」をしなければならない。もしこういった関係者が、いがみ合っている者同士ならば、協議の場に出るのも鬱陶しい。

包括受遺者は、相続人とほぼ同一の権利義務があるとはいうものの、相続人にある「寄与分」による加算、あるいは「特別受益」による減算などはない。

寄与分とは、被相続人の財産の維持・増加につき特別な貢献をした相続人に、その貢献分を遺産取得に反映させる仕組みである（＝受け取れる相続財産が増える）。

特別受益とは、被相続人から特別な利益を得ていた相続人の遺産取得分を減額させる仕組みである（＝受け取れる相続財産が減る）。

また、包括受遺者には、一部の相続人が持つ遺留分の権利もない。遺留分については後述するが、簡単に言うと、一部の相続人に保障された最低限度の割合の相続財産のことである。

なお、これも後で詳しく述べるが、遺言書に「私の財産全部をAに遺贈する」（＝全部包括遺贈の場合）や、あるいは「私の財産の3分の2はBに、残り3分の1はCに遺贈する」（＝複数の割合的一部を足せば全部包括遺贈の状態になる場合）など、遺産全部の包括遺贈がなされていた場合は、「相続人不存在」ではない。よって、こういった場合は、相続人が存在するということになり、相続財産管理人の選任は不要となる。

この場合は相続財産管理人がいないので、全部包括受遺者は、「遺言執行者」から、遺贈者の死後直ぐに遺産全部の引き渡しをしてもらえるし、遺産の中に不動産がある場合は、直ぐに包括受遺者名義にする登記の申請をしてもらえる。

特定遺贈って何やろ？

特定遺贈とは、遺言書に、たとえば「私の所有する東京都渋谷区広尾×丁目×番の土地をCに、株式会社×××の上場株式100株をDに、××銀行の定期預金をEに、車番×××のポルシェカイエンをFに遺贈する」などと書くことによって、遺産の中から譲り渡したい財産を具体的に特定する譲渡方法のことである。

特定遺贈は、包括遺贈と異なり、特に遺言で指定されていない限り、借金などのマイナス資産を受け継ぐことはない。特定受遺者（特定遺贈を受ける者）には、プラスの資産だけが与えられる。

また、特定遺贈では、遺贈財産とその受取人が画然としているため、相続人でない特定受遺者は遺産分割協議に参加することはない。

次の「自筆証書遺言の遺贈の記載例」にて、特定遺贈や包括遺贈をする場合の遺言書の書き方の例を示す。

自筆証書遺言の遺贈の記載例

特定遺贈の場合

遺言書

遺言者山田太郎は次の通り遺言する。

第1条　従兄弟鈴木一郎（昭和60年1月1日生、大阪市中央区梅田1番1号）に、下記不動産を遺贈する。
所在　大阪市西区淀屋橋一丁目
地番　1番地
地目　宅地
地積　1,000㎡

第2条　友人高橋四郎（昭和45年1月1日生、大阪市北区南船場一丁目1番1号）に下記預金を遺贈する。
三井住友銀行　大阪北部支店
口座種類　普通
口座番号　12345678

第3条　この遺言の執行者として、下記の者を指定する。
大阪市北区本町一丁目1番1号本町ビル30階
行政書士　小林三郎（昭和55年1月1日生）

令和2年10月10日

大阪市中央区道修筋一丁目1番1号
遺言者　山田太郎

自筆証書遺言の遺贈の記載例

全部包括遺贈の場合

遺 言 書

遺言者山田太郎は次の通り遺言する。

第１条　遺言者は、遺言者の有する全部の財産を、次の者に全て遺贈する。

従兄弟鈴木一郎（昭和60年１月１日生、大阪市中央区梅田１番１号）

第２条　この遺言の執行者として、下記の者を指定する。

大阪市中央区梅田１番１号
従兄弟鈴木一郎（昭和60年１月１日生）

令和２年10月10日

大阪市中央区道修筋一丁目１番１号
遺言者　山 田 太 郎　㊞

自筆証書遺言の遺贈の記載例
割合的一部の包括受遺者が複数存在し、トータルすると全部包括遺贈となる場合

遺言書

遺言者山田太郎は次の通り遺言する。

第1条　遺言者は、遺言者の有する全ての財産について、次の者に、次の割合で遺贈する。

従兄弟鈴木一郎（昭和60年1月1日生、大阪市中央区梅田1番1号）５分の3

友人山本次郎（昭和43年1月1日生、大阪市北区伏見町1番1号）５分の2

第2条　この遺言の執行者として、下記の者を指定する。

大阪市中央区中津一丁目1番1号中津ビル20階
司法書士　佐藤五郎（昭和48年1月1日生）

令和2年10月10日

大阪市中央区道修筋一丁目1番1号
遺言者　山田太郎 ㊞

遺贈における課税について

【受遺者が個人である場合】

受遺者（遺贈を受ける者）が個人である場合は、受遺者に「相続税」の納税義務が生じる。受遺者が、遺贈者（遺言者）の親族でもなく赤の他人であっても、負担しなければならない税金の種類は「相続税」である。ただし、その受遺者個人が公益事業の事業者で、遺贈財産を公益事業に使うことが確実である場合は、相続税が非課税になる。

【受遺者が法人である場合】

受遺者が株式会社などの普通法人である場合は、受贈益としてその法人の収益となり、法人税及び法人住民税がかかる。ただし、公益法人等で一定の場合は、法人税は非課税となる。

ところで、遺贈における課税関係で注意しなければならないのは、法人に対して現金を除く不動産や有価証券などの財産を遺贈した場合である。

というのも、この場合、遺贈者側（遺贈者は死亡しているので、承継者である相続人側または相続財産法人側）に譲渡所得税の負担が生じる可能性があるのである。

遺贈者（遺言者）が、たとえば「会社などの法人」に対し、現金を除く不動産や有価証券などを遺贈した場合は、遺贈者から法人に時価で売却されたとみなされ（＝みなし譲渡）、遺贈財産に値上がり益が出た場合、相続人や包括受遺者が譲渡所得税の納税義務を引き継ぐ。もし、相続人が全くいない場合は、「相続財産法人」が譲渡所得税の納税義務を承継し、準確定申告を行なうことになる。

しかし、「会社などの法人」に対してではなく、「国・地方公共団体・一定の公益法人等」に、現金以外の不動産や株式等の財産を遺贈した場合、国税庁長官の承認を受ければ、相続人側や相続財産法人側が負うことになる譲渡所得税が非課税となる特例がある（40条特例）。

（もっとも、相続人が全く存在せず、自分が死亡した時に、遺産の国庫帰属を阻止したいとの意志を持っているような人が、現実的な選択として、自分の財産を「国や地方公共団体」に遺贈寄付するのか？　という疑念は生じるが……。）

逆に言えば、時価の観念のない「現金」を、法人に対し遺贈する場合は、値上がり益などは発生しないため、遺贈者側（相続人・包括受遺者、あるいは相続財産法人）に譲渡所得税などはかからない。

受遺者が個人である場合

受遺者に相続税がかかる。

ただし、その受遺者が公益事業の事業者で一定の場合は、相続税は非課税となる。

受遺者が法人である場合

受遺法人に法人税・法人住民税がかかる。
ただし、受遺法人が公益法人等で一定の場合は、法人税は非課税となる。
※法人に不動産や有価証券等を遺贈した人（相続人・包括受遺者、あるいは相続財産法人）の側に、一定の場合、譲渡所得税が課税されることもある。

好ましい人への「全部包括遺贈」をオススメする

全部包括受遺者本人を「遺言執行者」に指定

「相続財産管理人」がいないので「遺言執行者」のワンオペ

前で述べたことを繰り返すが、「私の財産全部をいとこに遺贈する」というように、自分の財産全部を第三者に包括的に遺贈するべく（＝「全部包括遺贈」）、遺言を作成した場合は、「相続人不存在」に該当しないので、相続財産管理人の選任の必要はない（最二小判平成9年9月12日）。

同じように、「私の遺産の2分の1をAに、4分の1をBに、4分の1をCに遺贈する」といったように、割合的一部の包括受遺者が複数存在し、トータルすると全部の割合につき、全部包括受遺者がいるような状態になる場合も「全部包括遺贈」と同視されるため、この場合も「相続人不存在」とはならない。よって、この場合も相続財産管理人の選任の必要はない。

したがって、遺言者が、自分にとって好ましい第三者への全部包括遺贈を遺言に書いた場合、利害関係人は手間と費用をかけて、家裁に相続財産管理人の選任を申し立てる必要がない。相続財産管理人が出現しないので、相続財産管理人による清算処理は実施されない。

相続財産管理人が登場しないため、遺産の管理、清算、遺贈の実行（遺産の引き渡しや登記など）は、「遺言執行者」がワンオペで処断できるのである。

そして、遺言書で全部包括遺贈を行なう場合、同時におさえておくべき重要なことは、全部包括受遺者本人を、遺言書にて「遺言執行者」に指名しておくことである。ここが肝である。こうすれば、全部包括受遺者が、自分のために遺言を単独で執行できるので、この上なく迅速かつ円滑に物事が進む。

対照的に、相続人が全くいない人が、遺言で「特定遺贈」を行なった場合は、特定遺贈の実行は、相続財産管理人による一連の清算処理のプロセスで行なわれることになる。したがって、遺言者が死亡すると、まず相続財産管理人の選任申立を行なわなければならず、大変煩わしい。

そして、特定遺贈をした遺言者が、遺言にて「遺言執行者」の指定も同時に行なっていた場合は、相続財産管理人と遺言執行者の両者が並び立つことになる。

この両者の権限が競合した場合の調整について、法律、判例、学説、実務において未だ明確な定めはなく、現状、実はよく分からないことになっている（後述）。

以上から、本書は、相続財産管理人を選任する必要もなく、遺産の管理、清算、全部包括遺贈を、「遺言執行者」がワンオペで処断できるという点から、好ましい第三者への「全部包括遺贈」をオススメする。

言うまでもないことだが、包括受遺者は、遺言者（遺贈者）のマイナスの財産も当然引き継ぐので、包括受遺者を苦しませたくなければ、遺言者は死ぬまでに借金などを完済しておくか、マイナスの財産があったとしても、それを圧倒的に上回るプラスの財産を形成しておくべきである。

――とは言っても、相続人が全くいない人が、できるだけ多くの、そして様々な個人、法人などに対し、自分の遺産を小分けして分配したいと願っており、対象財産とその受取人を自ら遺言で明確に指定しておきたいとの強い希望を持っている場合は、「特定遺贈」の方法を使うことになる。

「遺言執行者」って、何する人？

遺言執行者の選任は、決して遺言書の必須項目ではないし、遺言執行者が選任されて遺言の執行をすることは、日本では、必ずしも一般的な制度になっていない。

遺言執行者とは、被相続人が遺言書に示した最終的な意思表示の、確実円滑な法律効果の実現のために行動してくれる人のことである。言わば「遺言の実行役」である。

遺言執行者は、公正中立な立場で、遺言意思の実現という目的のために、遺言書の検認請求、相続人の調査、相続財産の調査、財産目録の調製、遺産分割までの財産の保全、管理、必要やむを得ない限度での処分その他、遺言の執行に必要な一切の行為をする。

遺言執行者が具体的にできることは、個々のケースによるが、たとえば、相続財産管理人の選任の申立、包括遺贈・特定遺贈の履行としての預貯金、不動産、有価証券等の遺産の引き渡し及び登記・登録申請、あるいは換価（競売、任意売却）、貸金庫の開扉、はたまた遺言の実現で生じるトラブルで提訴された場合は、訴訟の当事者となることもある。

このように、遺言執行者は、遺言意思の実現のために、遺言の趣旨に適合する範囲内で行使できる権限を持っている。ただし、税務申告を行なう権限は持っていない（「遺言執行」ではないため）。

受遺者本人を「遺言執行者」として指定しておくべきやで

遺言執行者は、未成年者と破産者以外なら、個人でも法人でも誰でも就任可能である。一人でも複数人でもいい。相続人や、遺産を譲り受けることになっている（特定・包括）受遺者本人も就任可能である。

全部包括遺贈のように財産を譲り受ける受遺者が1名ならば全部包括受遺者本人を、受遺者が複数人でも円満良好な関係同士ならば受遺者のうちの1名を、遺言執行者として遺言で指定しておくべきである。こうしておけば、遺言の執行が、極めて円満・円滑に進む。

しかしながら、相続人や受遺者などが複数存在し、彼らが互いに一面識もない者同士、ないしは険悪な者同士であるなら、相続案件を専門としている弁護士、司法書士、行政書士といった公正誠実な法律専門家や、あるいはケースによっては銀行系の信託会社（ただし遺贈財産が不動産と預貯金しかない場合である）などに、遺言執行者になってもらうべく、生前に彼らと契約を締結しておき、遺言書の中で遺言執行者として指定しておく。

たとえば、「死後事務委任契約」の受任者である司法書士や行政書士に、引き続き、「遺言執行者」の任に就いてもらうのでもよい。そうすると、「死亡直後の処理」から遺言の実行までワンストップで処理してもらえるので、極めて迅速に円滑に物事が進む。

また、同時に遺言執行者の報酬も遺言に書いておくと完璧である。ついでながら、報酬についてであるが、弁護士に依頼するよりも、行政書士や司法書士に依頼する方が一般的に安い。

以上述べてきた全部包括遺贈は言うまでもないが、「推定相続人の廃除または廃除取消」、あるいは「認知」なども遺言執行者にしか遺言内容を実行できないので、これらを遺言書に書く場合は、遺言書に同時に遺言執行者の名前、または遺言執行者を指名してくれる第三者の名前も必ず書いておく。

もし、遺言書の中で遺言執行者の指定をしなかった場合、遺言執行者を指定する第三者を書かなかった場合、遺言執行者に指定された人が辞退した場合、遺言執行者が既に死亡していた場合などは、利害関係人（相続人、遺言者の債権者、受遺者など）が家庭裁判所に遺言執行者の選任の申し立てを行なわなければならず、手間と費用がかかってしまう。

なお、家裁にこの申立を行なう際には、申立人は、遺言執行者の希望候補者を述べることができる。

「遺言執行者」を誰にするか？

①受遺者本人、あるいは受遺者のうちの1人を遺言書で指名しておくべきだ。

②受遺者や相続人などが複数存在し、互いに一面識もない者同士、ないしは険悪な者同士ならば、弁護士、司法書士、行政書士などに生前に依頼しておき、遺言書で指名しておく。たとえば「死後事務委任契約」の受任者を、引き続き「遺言執行者」に指名しておけば、遺言の実行までがワンストップでスムーズに行なえる。

相続財産管理人と遺言執行者が併存する場合、両者の違いは？

相続人が全くいない人の場合は、遺言の有無に関わらず、家裁で選任された相続財産管理人が、家裁の監督のもと、遺産の管理、清算を行なう責務を担う。（例外的に、相続財産管理人が不要なケースは、全部包括遺贈がなされていた場合であり、これは散々書いてきたことだ。）

もし、相続人が全くいない人が、遺言書で「特定遺贈」を行ない、同時に遺言執行者を指定していたような場合などは、遺言執行者と相続財産管理人の両者が登場することになる。

単純に両者の違いを言うと、遺言執行者は「遺言の実行役」である。遺言執行者は、遺言の実現を妨害するような行為を排除し、遺言意思の実現を積極的に行なうことを目的としている。

翻って、家裁の審判によって選任された相続財産管理人は「遺産の清算役」である。相続財産管理人は、家裁の監督下で遺産の清算処理と国庫への引き継ぎという職責を負っているのであって、遺言者の遺志の反映などは目的としていない。

このように、存在原理からして異なる両者なのだが、遺品や遺産を管理・処分するという点で似たような立場にある。現在のところ、法令、判例、学説にて、両者の持つ権限・職務は明確に交通整理されていない。

相続財産管理人の権限が、遺言執行者に優越すると解釈する説、両者の権限の優越は場面・段階別に決定されるべきだとする説、あるいは、そもそも遺贈によって、被相続人の死亡と同時に遺贈目的物は、既に受遺者に所有権移転済なので、両者の権限が衝突することなどは起こりえないとする説などがある。

遺言執行者→「遺言の実行役」
相続財産管理人→「遺産の清算役」

全部包括遺贈の遺言をした場合・割合的一部の包括受遺者が複数存在し、トータルすると全部包括遺贈となる遺言をした場合（全部包括遺贈と同じ）
【遺産の清算】と【遺言の実行】は、両方とも、遺言執行者がワンオペで処断するので円滑迅速に物事が進む。
※必ず遺言で、「全部包括受遺者本人」を「遺言執行者」に指定しておくこと。

特定遺贈の遺言をした場合
【遺産の清算】は、相続財産管理人が行なう。
【遺言の実行】は、遺言執行者が行なう。
※相続財産管理人と遺言執行者の両者の権限が競合する場合の調整について、現状、明確な規定がない。

遺贈するための遺言書を作成しよう
1に「公正証書遺言」、2に「自筆証書遺言の保管制度」がオススメ

「遺言書を作成しよう」などと軽い響きの表題を書いたが、軽はずみで、もしくは焦って安易に遺言書を作成してはならない。ろくに考えず、軽い気持ちで遺言書を作成した翌日に、もしたまたま不慮の事故で死亡した場合は、遺言書が法的に効力を発してしまうおそれがある。

また、あまり熟慮せずに遺言書を作成したばかりに、後日に遺言の内容を変更したり、遺言書の内容を全て取り消したりする状況になれば、変更や取消処理を適正に行わなければならず、さらに労力、費用がかかってしまう。

たとえば、作成した公正証書遺言を、公正証書遺言の方式でその内容を取り消したり変更したりする場合は、再度、公証役場に証人2名と共に出頭しなければならないのである（当然、費用がかかる）。

遺言を作成するに当たっては、内容について逡巡、翻意、後悔など基本的に有り得ない、作成は一度きりという気概で、熟考に熟考を重ねた上で、慎重に行なうべきである。

さて、遺言には、大きく「普通方式遺言」と「特別方式遺言」の二つの方式がある。

突然臨終が眼前に迫っていて普通方式でするには間に合わないという時や、一般社会から隔絶された状況下で作成する「特別方式遺言」は特殊なものなので、本書ではこちらの方式は扱わない。本書で問題にするのは、「普通方式遺言」だけである。

普通方式遺言には、筆者のオススメ順に「公正証書遺言」、「自筆証書遺言」、「秘密証書遺言」といった種類がある。以下、これらの遺言の作成方法、特徴、メリット、デメリットなどを、それぞれ示すが、冗長な散文体では読みにくいので、項の末部に、これら三つの遺言書の特徴などをまとめた比較表を掲載する。

公正証書遺言って、何やろ？

公正役場で作る

公正証書遺言は、遺言者が、遺言内容を公証人に口授（口頭で言うこと）、手話通訳、筆談などで説明し、その内容を公証人が筆記する。その筆記した内容を、公証人が遺言者と2名の証人に対して読み聞かせるか、閲覧させるか、通訳者に通訳させる。

遺言者及び証人が、その筆記内容が正確であることを承認した後に、遺言者と証人がそれぞれ署名押印する。証書の原本は公証役場に保管され、遺言者には正本・謄本が交付される。

――このような流れで、公証人によって作成される遺言方式の一つである。ちなみに、公証人とは、長年裁判官や検察官の職に就いていた人が多い。

遺言者と証人が公証役場を訪問して作成するのが一般的だが、公証人が遺言者の自宅や入院先に出向いて作成することも可能である。

公正証書遺言を作成するにおいて、証人2名以上と、公証人手数料を用意しなければならない。未成年者、推定相続人、受遺者並びにこれらの親族、公証役場の職員、あるいは署名行為のできない人などは、証人になることができない。適切な証人がいない人は、公証役場側で手配できる場合もあるので、この場合は公証役場に相談する。ここで言う証人とは、作成の際の立会人であって、借金の保証人のような責任を負うものではない。

公証人手数料は、公証人手数料令によって法定されており、遺言の目的である遺産価額に応じて、最低5000円から数十万円ほどかかる。

公証役場で作成した公正証書遺言の全部の取消（一度作成した遺言公正証書をなかったことにすること）は、いつでも可能であるが、この場合は、公正証書遺言を作成した時と同じように、公証役場に証人2名と一緒に出頭し、証人2名の前で、公証人に対して、公正証書をなかったことにしたい旨を述べ、公正証書に署名押印する。この時、印鑑証明書（3ヶ月以内のもの）と実印が必要になる。

公正証書遺言の内容の全部を取り消す方法として、公正証書遺言の内容全部を取り消す旨を書いた自筆証書遺言や秘密証書遺言を別途作成することによって行なうこともできる。しかし、この方法はあまりオススメしない。公正証書遺言を全部取り消す場合は、やはり公証役場に出頭して行なうべきだろう。

公正証書遺言の作成に必要な書類

- 遺言者本人の実印と印鑑登録証明書（3ヶ月以内に発行されたもの）
- 遺言者と相続人との関係が分かる戸籍謄本
- 相続人が甥、姪など、その本人の戸籍謄本だけでは遺言者との続柄が不明の場合は、その続柄の分かる戸籍謄本
- 受遺者（遺贈によって遺産をもらう人）の住民票
- 受遺者が法人である場合は、その法人の登記事項証明書（登記情報提供サービスで取得したものは商業・法人登記情報と呼ぶ）。ただし、公に認知されている公益の団体の場合は、不要である。
- 遺産に不動産が含まれている場合は、固定資産税納税通知書または固定資産評価証明書、土地・建物の登記事項証明書（登記情報提供サービスで取得したものは全部事項の不動産登記情報と呼ぶ）。

※右は、公証人手数料の算出の基礎とするため、及び公正証書遺言に不動産を特定する事項を記載するために必要である。しかし、「私の財産全部をいとこの長男Aに遺贈する」などと、不動産の特定をしない遺言をする場合は、不要である。

- 遺産に預貯金や有価証券等が含まれている場合は、銀行の通帳のコピーや証券会社発行の残高証明書など

※右は、公証人手数料の算出の基礎とするため、及び公正証書遺言に預貯金や有価証券を特定する事項を記載するために必要である。しかし、「私の財産全部をいとこの長男Aに遺贈する」などと、個別の財産を特定しない遺言をする場合は、不要である。

- 証人、遺言執行者の住所、職業、氏名、生年月日の分かるメモなど

（※戸籍謄本は戸籍全部事項証明書、除籍謄本は除籍全部事項証明書などと呼ばれる。）

公正証書遺言のメリット&デメリット

公証人手数料として、ある程度の費用がかかる点、証人に知られるので遺言内容を秘密にできない点、作成時に必要書類及び2名以上の証人を手配しなければならず、手間がかかる点などが、公正証書遺言のデメリットといえるかもしれない。

一方、公正証書遺言を選択する最大のメリットは、公証人と事前の打ち合わせを経るため、内容的に整い、解釈に疑義の余地がない、完全で有効な遺言書を作成できる点だ。

公正証書遺言は、法律上強い証拠力を持つ公文書で、公証人が作成するので筆記の手間もかからず、様式不備で遺言が無効になることはないし、偽造、変造、改ざんなども発生し得ない。そして、遺言書原本は公証役場で保管するので、遺言書原本の隠匿、破棄、紛失の可能性はゼロである。

また、公正証書遺言は、家裁で検認を受ける必要がなく、死亡後直ちに遺産の執行ができる。

自筆証書遺言って、何やろ？

全文を自筆で

自筆証書遺言は、必ず遺言書の全文が、遺言者の自筆（手書き）によってなされなければならない。第三者の代筆やパソコン打ちの遺言書は無効となる。必ず作成年月日と氏名を手書きし、捺印しなければならない。

なお、民法の改正により、2019年から、自筆証書遺言の別紙として添付する場合に限り、「財産目録」だけはパソコン打ちや、第三者による代筆、あるいは、預貯金通帳のコピー、不動産の登記事項証明書などの添付で代用することも可能となった（要件緩和）。ただし、「財産目録」が複数のページに及ぶ場合は各ページに、両面に書かれた時は両面に、遺言者本人の自署捺印が必要である。

【全文と氏名と年月日を手書き、捺印、遺言執行者に保管してもらう】が基本やな

①**遺言書の全文を必ず手書きしなければならない**

縦書きでも横書きでもよい。遺言書に使うペンや紙も、特に規定はない。ペンの色も、制限はないため、必ずしも黒色である必要はない。鉛筆でも可だが、改ざんされてしまう可能性があるので、油性ボールペンや万年筆などを用いるべきである。

自筆証書遺言は、遺言者が全文を手書きすることが条件なので、第三者に代書してもらったり、パソコンで作成したものは、一部であっても無効である。

②**遺言書の作成年月日を必ず手書きしなければならない**

遺言書を作成した年月日を、西暦でも和暦でもよいので、必ず書き込む。日付ゴム印の押印は不可である。作成年月日を手書きしないと遺言は無効である。

自筆証書遺言の作成年月日の記入が重要である理由は、次の2点による。

まず1つ目は、遺言書作成日時点で、遺言者本人が、遺言作成能力がある15歳以上であるかどうかを、確認するためである。

2つ目は、こうである。遺言書作成後に、遺言者が翻意して作成済みの遺言書の内容を変更・取り消す目的で、後からいつでも遺言書を書き直し、何通でも作成することができる。結果として、遺言者の死亡後に、何通もの遺言書が発見されるのである。

こういった場合、原則は最新の作成日付のもの（後の日付の遺言書）が優先される。前の日付の遺言書が、後の日付の遺言書（最新の遺言書）によって取り消されたものとされる。ただし、前の日付の遺言の全内容が直ちに取り消されるわけではない。前の日付の遺言書が、後の日付の遺言書と抵触する場合に〝その抵触する部分についてのみ〟、前の日付の遺言書を取消したものとみなされるのである（後述）。

とにかく、以上のような事情から、遺言者本人が自ら手書きした作成年月日が重要となるのである。

そして、このような理由によって必然的に、遺言書作成日付は、「特定の日」を書き込まなければならない。日にちを特定できない「×年×月吉日」や「×年×月大安」は無効となる。

通常は、年月日で表記するべきだが、具体的な日にちの記載がなくとも、「令和×年勤労感謝の日」、「私の還暦の日」、「小生の×歳の誕生日」、「私の×回目の結婚記念日」、「2021年、今日は長女の誕生日」といった書き方でも、その日は1年の中でたった1日しかない特定された日であるから有効となる。もっともこれらは、有効となるだけで正攻法ではない。以上の如き書き方を推奨しているわけではなく、やはり遺言書には、普通に年月日を書き込むべきである。

有効「令和2年3月4日」
有効「2020年3月4日」
有効「令和2年5月末日」
有効「本日は令和2年の建国記念日」
有効「作成日は遺言者の63歳の誕生日」

無効「令和2年3月吉日」
無効「令和2年3月」
無効「令和2年3月35日」

③自署、捺印を必ずしなければならない

「自署」とは、自分の氏名を自分で手書きすることである。

通常は、戸籍上の氏名（本名）を記入するのだが、芸能人や著名人など、本人であることが誰もが知っているような人は、芸名やペンネームなどで署名しても問題はない。

捺印に用いる印鑑は、どのようなものでもよい。市区町村に登録した実印でも、認印（三文判）でもいずれでもよい。

拇印（指印）も、有効とする判決もあるが（最判平成元年2月16日）、本当に遺言者の拇印なのかトラブルが起こることも想定されるので、死後の無用なトラブルを避けるためにも、拇印でも三文判でもなく、できれば、実印（市区町村登録印）を使用すべきである。

④法定の訂正ルールを厳守しなければならない（後述）

加除その他の変更は、手書きにて行なわなければならない。

「財産目録」などパソコン打ちをした部分の加除その他の訂正についても、手書きにて行なわなければならない。

また、遺言書の訂正箇所をぐちゃぐちゃと黒く塗り潰したり、修正テープ等で消してしまうのは不可である。

加除その他の変更の場合は、法律所定の訂正方法を守らなければ、当該箇所の内容が無効になったり、ひいては遺言書そのものの無効主張がなされたりするなど、トラブルのもとになるので、注意を要する。

⑤遺言書を封入し、封印することが望ましい

変造、改ざん等を回避するために、遺言書を封筒に入れて糊付けで封をし、自署の捺印で用いたものと同一の印鑑で封印をする。

封筒表には「遺言書　在中」と手書きをし、封筒裏に「開封してはならない。私の死後、遅滞なく、家庭裁判所に、この遺言書を持参し、『検認』の申立をすること。家庭裁判所外で開封をした場合は、5万円以下の過料に処される。遺言作成年月日　山田太郎（印）」などと、警告文をはっきりと書いておく。

実のところ、遺言書の封入・封印は、自筆証書遺言成立の有効性とは無関係で、封入・封印が別段なくとも、遺言書としては有効である。

また、封印済みの遺言書を、故意または過失で開封したとしても、その遺言が即座に無効になるわけではない。

⑥作成した自筆証書遺言を「遺言執行者」に保管してもらうことが望ましい

遺言者本人が自筆証書遺言を保管すると、遺産を巡って不利益を受ける悪意ある相続人や受遺者などに発見され、遺言書を隠匿、破棄、偽造、改ざんなどされてしまう危険性がある。また、遺言の「存在」自体が、受遺者や相続人などに知られず、遺産分割協議が進行した後に遺言書が発見されて、協議が覆る可能性すらある。

ちなみに、相続人や受遺者が、被相続人（遺言者）が作成した遺言書を偽造、変造、破棄、隠匿すれば、相続欠格者または受遺欠格者となり、自動的に遺産を受け取る権利が剝奪される。その上に、私文書偽造罪や私用文書毀棄罪などの刑事犯罪に問われることにもなる。

こういったことを防止するために、作成した自筆証書遺言原本は、遺言者本人が自ら保管するのではなく、遺言執行者に引き渡し、遺言者の死亡まで保管してもらうことだ。そして、遺言者の死亡後直ぐに、次に述べる「検認」の請求をするよう、遺言執行者に重ねて依頼しておくことだ。

加入・削除などの訂正ルールは厳しいので

訂正箇所に二重線を引き、訂正後の字句語句を、横書きの場合はその上に、縦書きの場合はその右に記入する。

そして、自署の捺印に用いたものと同じ印鑑を二重線の近くに押す（簿記時に押すような小さい訂正用印鑑は使用不可）。

加入（加筆）のみを行なう時は、まず、加入（加筆）箇所に吹き出し「 ⌃ 」を書き入れ、そこに加入（加筆）したい内容を書き込み、加入（加筆）箇所の付近に自署の捺印に用いたものと同一の印鑑を押印する。

訂正の際に押す印鑑は、字に重ねて押印してもよいが、必ず書き間違った、元の字が見えるように押す。

（例）13行目2字加入、5字削除　遺言者山田太郎

（例）5行目2字加入　遺言者山田太郎
（例）24行目の「大叔父の長女山田花子」を、「大叔父の次女山田華子」に訂正した。遺言者
　山田太郎
（例）28行目の「ボルボ　V4」の5字を削除した。遺言者山田太郎

そして、訂正の内容をより明確にするために、遺言書の余白に、加入・削除した字数や内容などを書き、遺言者の氏名を手書きする。

もし、遺言書の余白に記入スペースがない場合は、遺言書の最末部に、「付記」や「訂正付記」として、訂正内容を一括記入してもいい。

法定の訂正ルールは厳しすぎることから、遺言の記載全体から見て、誰が見ても、明らかな誤記の場合は、たとえ法定の訂正方法に違反するものであっても、遺言は有効であるとの判例がある（最判昭和56年12月18日）。

しかし、「明らかな誤記」かどうかの判断が困難である場合があるので、遺言の作成は、間違えないよう慎重を期する必要がある。


次（134〜138頁）に、「【原則】自筆証書遺言の書き方（訂正ルール付）」、「【要件緩和】財産目録を別紙添付する時の自筆証書遺言の記載例」、「自筆証書遺言を封入する封筒の書き方」

を示すので、参照されたい。

検認の申立をしないとあかんで

遺言執行者などの遺言書の保管者や、発見した相続人などは、相続の開始（遺言者の死亡）を知った後、遅滞なく、遺言書（複数見つかった場合は全ての遺言書）を、被相続人（遺言者）の最後の住所地を管轄する家庭裁判所に提出して、裁判官と立会人らとともに「検認」をしなければならない。

検認とは、相続人に対し遺言の存在及びその内容を知らせると同時に、遺言書の形状、加除訂正の状態、日付、署名など、検認日現在における遺言書の内容を明確にして、遺言書の偽造・変造を防止するための一種の証拠保全手続きである。検認は、遺言の有効・無効を判断する手続ではない。

また、自筆証書遺言の場合について言うが、仮に封入・封印のない、むき出し状態の遺言書であったとしても、家裁への検認請求は必要であるし、封印済みの遺言書を故意または過失で開封したとしても、必ず家裁への検認の申立を行なわなければならない。開封したとしても、その遺言が即座に無効になるわけではない。（ただし、秘密証書遺言の場合は開封された状態のものは無効となる。）

後述の「秘密証書遺言」の場合も自筆証書遺言と同じく、検認請求をしなければならないが、

大叔父の次女山田華子
第3条　~~大叔父の長女山田花子~~（昭和51年1月1日生、大阪市西区扇町1番1号）に下記車両を遺贈する。
メルセデス　CLAクラス
車両型式　C117
車番　北大阪300　ん1234

~~ボルボ　V4~~

第4条　祭祀主宰者として従兄弟鈴木一郎（昭和60年1月1日生、大阪市中央区梅田1番1号）を指定する。

第5条　この遺言の執行者として、下記の者を指定する。
大阪市北区本町一丁目1番1号本町ビル30階
行政書士　小林三郎（昭和55年1月1日生）

令和2年10月10日
大阪市中央区道修筋一丁目1番1号
遺言者　山田太郎　㊞

26行目の「大叔父の長女山田花子」を
「大叔父の次女山田華子」に訂正した。
遺言者山田太郎

31行目の「ボルボV4」の5字を削除した。
遺言者山田太郎

注意点
- 全文を必ず手書きしなければならない。
- 氏名を必ず手書きし、必ず捺印しなければならない。
- 遺言の作成年月日を必ず手書きしなければならない。
- 完成したら、封筒に入れて封印し、遺言執行者に遺言書原本を保管してもらう。

【原則】
自筆証書遺言の書き方（訂正ルール付）
※1枚に収めて書く場合

全文を手書きしないと無効となる

遺言書

遺言者山田太郎は次の通り遺言する。

第1条　従兄弟鈴木一郎（昭和60年1月1日生、大阪市中央区梅田1番1号）に下記不動産を遺贈する。

①土地
　所在　大阪市西区淀屋橋北町一丁目
　地番　1番地
　地目　宅地
　地積　1,000㎡

6行目2字加入
遺言者山田太郎

②建物
　所在　大阪市西区淀屋橋北町一丁目1番地
　家屋番号　1番
　種類　居宅
　構造　~~軽量鉄骨造~~ 木造 スレート葺平家建
　床面積　200㎡

14行目2字加入、5字削除
遺言者山田太郎

③土地
　所在　大阪市中央区北浜町一丁目
　地番　1番地
　地目　宅地
　地積　3,000㎡

第2条　友人高橋四郎（昭和45年1月1日生、大阪市北区南船場一丁目1番1号）に下記預金を遺贈する。
三井住友銀行　大阪北部支店
口座種類　普通
口座番号　12345678

財産目録を別紙添付する時の自筆証書遺言の記載例
財産目録

パソコン入力や代筆も可だが、署名だけは必ず手書きし、捺印すること

物件等目録

第1　不動産
　1　土地
　　所在　○○市○○区○○町○丁目
　　地番　○番○
　　地積　○○平方メートル
　2　建物
　　所在　○○市○○区○○町○丁目○番地○
　　家屋番号　○番○
　　種類　居宅
　　構造　木造瓦葺2階建
　　　床面積　1階○○平方メートル
　　　　　　　2階○○平方メートル
　3　区分所有権
　　1棟の建物の表示
　　　所在　○○市○○区○○町○丁目○番地○
　　　建物の名称　○○マンション
　　専有部分の建物の表示
　　　家屋番号○○市○○区○○町○丁目○番の○○
　　　建物の番号○○
　　　床面積　○階部分○○平方メートル
　　敷地権の目的たる土地の表示
　　　土地の符号　1
　　　所在及び地番　○○市○○区○○町○丁目○番○
　　　地目　宅地
　　　地積　○○平方メートル
　　　敷地権の表示
　　　　土地の符号　1
　　　　敷地権の種類　所有権
　　　　敷地権の割合　○○○○○分の○○○

第2　預貯金
　1　○○銀行○○支店普通預金　口座番号○○○
　2　通常貯金
　　記号　○○○
　　番号　○○○

甲野太郎　印

【要件緩和】

財産目録を別紙添付する時の自筆証書遺言の記載例
遺言書本文

全文を手書きしないと無効となる

遺言書

1　私は，私の所有する別紙目録第 1 記載の不動産を，長男甲野一郎（昭和○年○月○日生）に相続させる。

2　私は，私の所有する別紙目録第 2 記載の預貯金を，次男甲野次郎（昭和○年○月○日生）に相続させる。

3　私は，上記 1 及び 2 の財産以外の預貯金，有価証券その他一切の財産を妻甲野花子（昭和○年○月○日生）に相続させる。

4　私は，この遺言の遺言執行者として，次の者を指定する。
住所　○○県○○市○○町○丁目○番地○
職業　弁護士
氏名　丙山太郎（昭和○年○月○日生）

令和 2 年 10 月 10 日
住所　東京都千代田区霞が関一丁目 1 番 1 号

甲野太郎　印

※自筆証書遺言の別紙として添付する場合に限り、「財産目録」だけはパソコン打ち、他者による代筆、或いは、預貯金通帳のコピー、不動産の登記事項証明書などの添付で代用することも可能となった（要件緩和）。
但し、「財産目録」が複数のページに及ぶ場合は各ページに、両面に書かれた時は両面に、遺言者本人の自署・捺印が必要である。
※パソコン打ちをした部分の加除訂正は、原則どおり、自書（手書き）で行なわなければならない。

自筆証書遺言を封入する
封筒の書き方

裏

開封してはならない。

私の死後、遅滞なく、家庭裁判所に、この遺言書を持参し、「検認」の申立をすること。

家庭裁判所外で開封をした場合は、五万円以下の過料に処される。

令和二年十月十日

遺言者　山田太郎

表

遺言書　在中

「公正証書遺言」の場合は、検認請求は不要である。
なお、遺言書を家裁に提出することを怠ったり、検認手続きを経ないで遺言を執行したり、家裁以外の場所で遺言書を開封した場合は、5万円以下の過料（＝行政上の秩序罰）に処される。が、実態として、過料を科される例はほとんどない。

検認の申立をする方法

［申立人］遺言書の保管者、遺言書を発見した相続人など
［申立先］遺言者の最後の住所地の家庭裁判所
［申立てに必要な費用］
• 遺言書1通につき収入印紙800円分
• 連絡用の郵便切手
［申立必要書類］申立書
［標準的な添付書類］
• 遺言者の出生時から死亡時までの全ての戸籍（除籍、改製原戸籍）謄本等
• 相続人全員の戸籍謄本
• 死亡している遺言者の子（及び孫）の、出生時から死亡時までの全ての戸籍（除籍、改製

原戸籍）謄本等

- 遺言者の父母・祖父母等が相続人である場合で、死亡している遺言者の直系尊属（相続人と同じ代及び下の代の直系尊属、たとえば相続人が祖母である場合は父母と祖父）の、死亡の記載のある戸籍（除籍、改製原戸籍）謄本等

※もし、相続人が不存在である場合、相続人が配偶者のみである場合、相続人が配偶者と遺言者の兄弟姉妹（及び甥姪）である場合、相続人が遺言者の兄弟姉妹（及び甥姪）である場合は、次のような諸書類が必要である。

- 遺言者の父母の、出生時から死亡時までの全ての戸籍（除籍、改製原戸籍）謄本等
- 遺言者の直系尊属の、死亡の記載のある戸籍（除籍、改製原戸籍）謄本等
- 死亡している遺言者の兄弟姉妹の、出生時から死亡時までの全ての戸籍（除籍、改製原戸籍）謄本等
- 死亡している代襲相続人である甥や姪の、死亡の記載のある戸籍（除籍、改製原戸籍）謄本等

（※戸籍謄本は戸籍全部事項証明書、除籍謄本は除籍全部事項証明書などと呼ばれる。）

［立会人］相続人、代理人、利害関係人など

※備考　金融機関、法務局、税務署などで、遺言執行の手続きをする際に「検認済証明書」の添付が必要となるので、検認手続き終了後に必ず「検認済証明書」の交付申請をする。

「自筆証書遺言の保管制度」って、何やろ？

自筆証書遺言の保管制度とは、2020年7月10日より新たに開始された、遺言書保管所（全国300箇所以上の法務局）にて自筆証書遺言の原本を保管する制度である（遺言書保管法）。筆者は、当該新制度を、公正証書遺言の次にオススメする。

まず、遺言者が、従来どおりの諸要件を順守した自筆証書遺言を作成する。そして、遺言者の住所地か、本籍地か、所有する不動産の所在地を管轄する法務局に、遺言者自らが、封をしていない状態の自筆証書遺言書と、手数料（保管申請1件につき3900円）などを持って出頭し、保管申請をする。代理人による申請は不可である。

保管申請時に、遺言書保管官が、遺言書が「様式」に則っているかどうかを審査するので、法定の形式に誤りがあれば修正すればよく、様式不備によって遺言が無効となることが防止される。ただし、遺言書保管官は、遺言の「内容」の審査までは行なわない。

遺言書保管所（法務局）は、遺言書原本を保管するとともに画像データとしても残す。相続人などが請求すると、この画像データは、遺言書保管所の担当官の証明付きの証明書（「遺言書情報証明書」）として交付してもらえる。遺言の執行は遺言書原本ではなく、「遺言書情報証明書」でもって行なうことができるので、相続登記や預貯金の解約・払い戻し手続きを迅速に行なうことができる。

なお、遺言者が、申請した遺言書の保管申請を取り消したい場合は、再度遺言書保管所に出頭する必要がある。

当該保管制度では、保管申請も保管申請の取消も、遺言者本人が自ら遺言書保管所に出頭しなければならない面倒さはあるにしても、自筆証書遺言が持つ大きなデメリットである様式不備に基づく遺言の無効リスク、遺言書原本の隠匿、滅失、偽造、改ざんなどのデメリットが解消する。

そして、遺言者本人の死亡後は家裁への検認手続きの必要はなく、直ちに遺言の執行に着手できる。

このように、自筆証書遺言の制度が、より魅力的な遺言方式となったのは確かである。

したがって、今後の運用次第であるが、当該自筆証書遺言の保管制度の周知が進めば、その利用は、年々増えていくことが予想される。

自筆証書遺言のメリット＆デメリット

自筆証書遺言が持つ最大のメリットは、何といっても遺言者が随時・随意に手書きで作成できる簡便な遺言であるという点である。作成した自筆証書遺言の内容を後から変更・修正したり、あるいは遺言自体を取り消したりすることも容易にできる。

また、基本的に作成費用がかからず（ただし、2020年7月から運用開始した自筆証書遺言原本の法務局での保管制度を利用する場合は、保管申請1件につき3900円の手数料がかかるが）、証人も不要なので遺言書の内容を、死亡するまで秘密にすることができるというメリットもある。

翻って、自筆証書遺言の最大のデメリットは、従来言われてきたように、遺言書の様式や訂正ルールなどの法定された作成要件を順守せず、遺言書の全部または一部が無効になってしまうことである。しかしながら、これは、自筆証書遺言の法務局での保管制度を活用すれば、保管申請時に遺言書保管官が、「様式」の審査をするため、「様式」違反による遺言の無効リスクは解消する。

自筆証書遺言のその外のデメリットとしては、遺言の記述内容に矛盾、疑義、曖昧さがあった場合、これによって遺言書の全部または一部が無効になってしまったり、内容の解釈を巡って相続人や受遺者（たち）の間に無益な混乱やトラブルが生じてしまったりするおそれがある点である。前出の遺言書を保管する新制度を利用しても、遺言書保管官によって、遺言の「内容」までは審査されないので、このデメリットは、最後まで解消できない。

秘密証書遺言って、何やろ？

公証人が「存在」のみ証明する

秘密証書遺言は、文字通り、遺言内容の秘密を保ったまま、公証人に遺言の「存在のみ」を証明してもらう方式の遺言書である。

証人2名以上と、公証人手数料（1万円ほどで定額）が必要となるほか、証人の欠格事項も、前出の公正証書遺言と同様である。

秘密証書遺言は、署名だけを手書きすれば、遺言書の本文は代書・パソコンで作成しても全く問題はない。ただし、代筆の場合は、証人欠格者以外の者が代筆する必要がある。

加除・訂正ルールの厳守、家裁での検認の手続きをしなければ遺言を執行することができないこと、検認前に遺言書を開封すると5万円以下の過料に処せられることなど、自筆証書遺言と同様である。

【氏名手書き、捺印、封印、公証人に提出、遺言執行者に保管してもらう】が基本やな

①遺言者が、遺言を作成し、その遺言書に自署（氏名を手書き）し、捺印をする。
②遺言者が、その遺言を封筒などに入れ、封筒口に糊付けして封緘し、自署の捺印に用いたものと同一の印鑑で封緘部分に封印をする。
③遺言者が、公証人と証人2人以上の面前に、封緘・封印した遺言書在中封筒を持参し、「自分が作成した遺言書である」旨、住所、氏名を申述する。
④公証人が、遺言書が提出された年月日、遺言者の氏名と住所、遺言者本人の遺言である旨を封筒表面に記述し、公証人、証人、遺言者が署名・捺印する。
⑤遺言者に返却された遺言書を、遺言執行者に引き渡し、保管してもらう。死亡後直ぐに、次に述べる「検認」の請求をするよう、遺言執行者に重ねて依頼しておく。

秘密証書遺言のメリット&デメリット

秘密証書遺言は、遺言者本人が遺言書を封入し、封印し、公証人と証人が封筒表面に署名捺印する。したがって、開封された遺言書や、開封の痕跡のある遺言書は、秘密証書遺言としての要件を満たさず、秘密証書遺言としては無効である。

遺言書の内容を、遺言者が死ぬまで完全に秘密にできる点、及び遺言書が封入、封緘、封印した封筒表面に公証人らが署名・捺印するので、遺言書が開封されて偽造、変造されるおそれがない点が、秘密証書遺言が持つメリットである。

また、2名以上の証人がいる上に、遺言執行者に遺言書を保管してもらった場合は、遺言の存在の不知が生じることが少ないという点も大きい。

秘密証書遺言のデメリットとしては、遺言書の内部まで公証人はチェックしないため、そもそも遺言書としての諸要件を満たさず、遺言自体が無効になってしまう危険性がある（このデメリットは大きい）。

さらに、遺言の書き方に曖昧さや矛盾があった場合は、文意解釈によっては、遺言者の意思が実現しなかったり、相続人や受遺者などの間でトラブルになってしまったりするおそれがある。

加えて、遺言書の発見者などは、家裁へ「検認」請求をしなければならず、手間がかかる。

なお、秘密証書遺言としては無効であっても、自筆証書遺言の要件（全文と日付と氏名が手書き、捺印あり）を充足していれば、自筆証書遺言として有効に成立する場合があるとされている。

前述したように、2020年7月から自筆証書遺言の保管制度がスタートした。この制度を利用すると、保管申請時に、遺言書保管官が、作成した遺言書の「様式」の確認を行なうため、様式不備による遺言書無効のリスクもなくなるし、面倒な検認請求の必要もない。遺言書原本の隠匿、改ざん、滅失などは起こり得ない。

つまり、自筆証書遺言の保管制度によって、秘密証書遺言のデメリットの多くが克服されるので、その存在意義も含めて、秘密証書遺言の選択必然性に疑念が生じる。

「秘密証書遺言はメリットが少なくデメリットが2倍」と評する人もいる。なるほど、実態として、秘密証書遺言の利用件数は極めて少ない。（秘密証書遺言は年間100件ほどとされ、今やほとんど利用されていない。）

内容の訂正・取消をする際には、完全に破棄してから、新たに作成し直すべきやで

いったん作成した公正証書遺言、自筆証書遺言、秘密証書遺言の内容を訂正、追記、変更、あるいは遺言全部を取り消したりする場合は、後日、新たに別の遺言書（公正証書遺言、自筆証書遺言、秘密証書遺言）を作成し、そこで訂正後の内容を書けば、訂正が反映する。

同じように、以前に作成した遺言書の全内容を完全に取り消す旨の遺言書を別途新たに作成すれば、全内容の取り消しが反映する。

遺言書は、原則、最新の作成日付のものが優先されるからだ。

ちなみに、自筆証書遺言、公正証書遺言、秘密証書遺言の三つの法的価値に優劣は全くない。

もし仮に公正証書遺言の作成後に、「公正証書遺言の内容を取り消す」と書いた自筆証書遺言を後日新たに作成した場合は、後から作成した自筆証書遺言の方が優先されて、公正証書遺言の内

容は取り消される。

後日新たに作成した別の遺言書で、前に作成した遺言書の内容を訂正したり、取り消したりすると、同一人に複数の遺言書が存在することになり、内容の解釈などを巡って混迷やトラブルが勃発して、遺言執行の停滞を招いたり、遺言意思の実現ができなかったりする可能性がある。

このような場合は、まず既存の遺言書を全て完全に破棄すべきである。公正証書遺言の場合は公証役場に出頭し、また、自筆証書遺言の保管制度を利用した場合は法務局に出頭して取消の手続きをする。そして、破棄（取消）した後に、訂正版の遺言書（公正証書遺言、自筆証書遺言、秘密証書遺言）を1通だけ新たに作成するべきだ。

また、作成した遺言書の訂正件数や、加入・削除の字数が多くて、訂正として書き込んだ内容がごちゃごちゃになって字句語句が読み取りにくい場合、あるいは遺贈相手を別人物に変更する、もしくは遺贈する物件を別物件に変更するなど、遺言内容の極めて重要な部分を訂正するような場合などは尚更、当該遺言書を全て完全に破棄した上で、訂正版の遺言書を一から作成し直すべきだ。

筆者は、自筆証書遺言や秘密証書遺言を作成した場合は、遺言執行者に遺言書原本の保管をお願いするよう推奨している。遺言執行者のためにも、できれば遺言書は1通だけにしておきたい。

遺言書が複数見つかったらどうなる？

前項で指摘したように、一度作成した遺言書の内容の訂正、追記、変更、あるいは取り消し目的で、後日別の遺言書を作成すると、世の中に自分の遺言書が結果的に複数成立してしまう。しかし、こういった目的のみならず、複数の遺言書を、故意または過失で作成する人もいる。たとえば、相続人ごと、受遺者ごと、個々の財産ごとに遺言書をそれぞれ作成する人も実際にいるだろう。特に自筆証書遺言は、作成方法さえ完全にマスターすれば、毎日でも作れてしまう。

複数の遺言書が見つかった場合、最新の作成日付の遺言書が有効となるのだが、それより古い作成日付の遺言書は全て直ちに無効というわけではない。

民法によると、前の日付の遺言書が、後の日付の遺言書と抵触する場合に、〝その抵触する部分についてのみ〟、前の日付の遺言書を取り消したものとみなされ、後の日付の遺言書の内容が優先される。

ここでいう抵触とは、対象財産や、相続人、受遺者などが重複する内容で、前の日付の遺言書と、後の日付の遺言書を同時に執行できないレベルで矛盾していることを指す。前の日付の遺言書に書かれているのと同一の内容が、後の日付の遺言書にも書かれていて、同時に両方共存が不可能な場合は、後の日付の遺言書の記述内容の方が有効となるのである。

しかし、後の日付の遺言が、前の日付の遺言に単に条件を付けただけであったり、財産や受遺者などが重複しなかったり、前後の遺言の内容が全く無関係なものであったりなど、どちらの遺言も両立し得るのであれば、新旧いずれの遺言書も有効なものとして成立する。

以上、遺言書が複数見つかった場合は、その内容によっては日付に関係なく、全ての遺言書が有効なものとして成立する可能性もあるという話をした。

複数の遺言書が見つかった場合は、法律専門家ですら内容の解釈について、相当難儀する事案もある。したがって、前項でも述べたように、できれば、遺言書は1通だけにまとめる方がいい。

遺志の確実な実現を望むなら、公正証書遺言が理想やろな

以上、公正証書遺言、自筆証書遺言、秘密証書遺言の三つの遺言方式について述べたが、三者三様、一長一短であることが分かる。しかし、秘密証書遺言についてはメリットが少なく、明らかに選択する意味が薄い。

そこへ来ると、重ねて言うが、公正証書遺言は、公証人、その正体は元裁判官・元検察官といった法律のプロ中のプロが作成する、法律上完全で高度な証拠力を持つ公文書である。遺言書の無効リスクもなく、偽造・変造・改ざんも起こり得ず、遺言書原本の隠匿・破棄・紛失・滅失等のリスクはゼロだ。

日本経済新聞電子版（2017年9月29日付）及び日本公証人連合会のウェブサイトによると、2014年に公正証書遺言を作成した人が、年間10万人を突破したとのことである。2000年に年間約6万件だった公正証書遺言の作成件数が、大幅に増加した当該事実からも明らかなように、遺言内容の安全確実・円滑迅速な実現を強く願うのであれば、作成費用を要し、必要書類の収集の手間がかかるにしても、公正証書遺言の利用をするべきである。

そしてその公正証書遺言は、内容について熟考に熟考を重ねた上で、生涯で1通だけ、満を持して作成することが理想だ。

最後に、公正証書遺言、自筆証書遺言、秘密証書遺言の三つの遺言方式の違いを、「3つの遺言書の種類」として示すので、参照されたい。

	公正証書遺言	自筆証書遺言	秘密証書遺言
署名	遺言者本人と、証人と、公証人が遺言書本文中に記入する。	必ず遺言者本人が、遺言書本文中に自分の名前を手書き（自署）しなければならない。	・遺言者本人が、遺言書本文に自分の名前を手書きしなければならない（最低でも名前だけは手書きしなければならない）。 ・遺言者本人と、証人と、公証人が遺言書が封入、封緘、封印されている封筒表面に自分の名前を手書きする。
押印	・遺言者本人は、署名の後ろに実印を押す（印鑑証明書が必要）。 ・証人は、どのような印鑑でも良いので、証人の署名の後ろに押す。 ・公証人は職印を押す。	どのような印鑑でも良いので、必ず遺言者本人が自署の後ろに押さなければならない。実印（市区町村登録印鑑）が望ましい。	・遺言者本人は、どのような印鑑でも良いので、遺言書本文と封筒表面に書いた自分の名前の後ろに押す。実印（市区町村登録印鑑）が望ましい。 ・公証人は封筒表面に書いた自分の名前の後ろに職印を押す。 ・証人は、どのような印鑑でも良いので、封筒表面の自分の名前の後ろに押す。
訂正箇所（字句語句の加除、内容変更、加筆など）が多い場合	**・公証役場に証人２名と出頭して、再度作成し直すことが望ましい。** または ・訂正後の内容を書いた別の遺言書（自筆証書遺言、秘密証書遺言）を作成する（遺言書が複数出来上がる）。	・当該自筆証書遺言に直接書き込んで訂正する。 または ・訂正後の内容を書いた別の遺言書（自筆証書遺言、公正証書遺言、秘密証書遺言）を作成する（遺言書が複数出来上がる）。 または **・自筆証書遺言自体を完全に破棄した上で（「法務局での保管制度」を利**	・訂正後の内容を書いた別の遺言書（自筆証書遺言、公正証書遺言、秘密証書遺言）を作成する（遺言書が複数出来上がる）。 または **・秘密証書遺言自体を完全に破棄して、訂正版の遺言書（自筆証書遺言、公正証書遺言、秘密証書遺言）を新たに作成し直すことが望ましい。**

３つの遺言書の種類❶

	公正証書遺言	自筆証書遺言	秘密証書遺言
作成場所	公証役場	手書きができる限り、いつでも、どこでも作成可能。	いつでも、どこでも作成可能。
作成方法	・公証人が口述筆記する。 ・作成日に、印鑑証明書、実印、身元証明書、受遺者の住民票、戸籍全部事項証明書、登記事項証明書などの必要書類を、公証役場に持参しなければならない。	・必ず遺言者本人が一言一句、全文を手書きしなければならない。 ・但し、自筆証書遺言の別紙として添付する場合に限り、「財産目録」だけはパソコン打ち、第三者による代書、或いは預貯金通帳のコピー、不動産の登記事項証明書などの添付で代用することも可能となった（手書き不要となった）。 尚、「財産目録」が複数のページに及ぶ場合は各ページに、両面に書かれた時は両面に、遺言者本人の自署捺印が必要である。	・遺言者本人が、遺言書本文を手書きするか、第三者に代書してもらうか、パソコンなどで作成する。 ・作成した遺言書を封入・封緘し、署名で用いたものと同じ印鑑で封印しなければならない。 ・封入、封印した「遺言書在中封筒」を持ち、証人を伴って、公証役場に出向き、「自分が作成した遺言である」旨を申述する。
証人	２名以上の証人を公証役場に連れて行かねばならない。	不要	２名以上の証人を公証役場に連れて行かねばならない。
作成年月日	公証人が遺言書本文に作成日付を記入する。	必ず作成年月日を手書きしなければならない。	・遺言書本文に作成年月日を手書きするか、他人に代書してもらうか、パソコンなどで記入する。 ・公証人が封筒の表面に、遺言書提出年月日を記入する。

	公正証書遺言	自筆証書遺言	秘密証書遺言
		書原本は法務局に保管される。	
遺言内容の秘密	遺言内容は、証人たちには知られる。	封入、封印は必須ではないが、封入、封印すれば内容の秘密を保つことができる。	遺言内容は、封入・封印が必須なので完全に秘密にできる。
デメリット	・遺産価額により最低5,000円から数十万円ほどの公証人手数料がかかる。 ・2名以上の証人が必要。 ・遺言作成時に戸籍全部事項証明書などの資料を取得したり、手間がかかる。	・遺言書の様式不備などで遺言書自体が無効になるおそれがある。 但し、「法務局での保管制度」を利用すれば、遺言書保管官が「様式」の審査をするので、様式不備に基づく遺言書無効のおそれは無くなる。 ・遺言内容の文意解釈により、遺言者の意思が実現しなかったり、相続人や受遺者などの間でトラブルになるおそれがある(「法務局での保管制度」を利用しても、遺言書保管官は遺言の「内容」の審査まではしないので)。 ・加除その他の変更の訂正ルールが厳しい。	・公証人が遺言書の様式を確認しないので、遺言書の様式不備のため遺言書自体が無効になるおそれがある。 ・遺言内容の文意解釈により、遺言者の意思が実現しなかったり、相続人や受遺者などの間でトラブルになるおそれがある。 ・加除その他の変更の訂正ルールが厳しい。 ・1万円ほどの公証人手数料がかかる。 ・2名以上の証人が必要である。
家裁への検認請求	不要。	必要である。 但し、「法務局への保管制度」を利用する場合は検認請求は不要である。	必要である。

3つの遺言書の種類❷

	公正証書遺言	自筆証書遺言	秘密証書遺言
		用していた場合は出頭して取り消した上で）、訂正版の遺言書（自筆証書遺言、公正証書遺言、秘密証書遺言）を新たに作成し直すことが望ましい。	
遺言内容の全部取り消し	**・公証役場に証人２名と出頭して、撤回手続きを行なうことが望ましい。** または ・公正証書遺言の内容を全部取り消す旨を書いた別の遺言書（自筆証書遺言、秘密証書遺言）を作成する（遺言書が複数出来上がる）。	**・自筆証書遺言自体を完全に破棄することが望ましい。** または ・遺言の内容を全部取り消す旨を書いた別の遺言書（自筆証書遺言、公正証書遺言、秘密証書遺言）を作成する（遺言書が複数出来上がる）。	**・秘密証書遺言自体を完全に破棄することが望ましい。** または ・遺言の内容を全部取り消す旨を書いた別の遺言書（自筆証書遺言、公正証書遺言、秘密証書遺言）を作成する（遺言書が複数出来上がる）。
手数料	遺産価額により最低5,000円から数十万円ほどの公証人手数料がかかる。	かからない。 但し、「法務局への保管制度」を利用する場合は手数料（1件3,900円）がかかる。	公証人手数料（1万円ほどで定額）がかかる。
封入と封印	不要。	必須ではないが、偽造や改ざんを避けるためにも、封入、封緘、封印するほうが良い。	必ず遺言書本文を封入・封緘し、押印に用いたものと同じ印鑑で封印しなければならない。
遺言書原本の保管場所	公証役場が遺言書原本を保管する。	・多くは遺言者自身が遺言書原本を保管するようだが、「遺言執行者」に保管してもらうほうが良い。 ・「法務局への保管制度」を利用する場合は、遺言	多くは遺言者自身が遺言書原本を保管するようだが、「遺言執行者」に保管してもらうほうが良い。

【2つ目の遺産対策】

養子縁組をして「子供」をつくり、全財産を受け継いでもらう

ただし、借金の方が多い場合は、養子縁組したらあかんで！

普通養子縁組って、何やろ？

法定相続人が全く存在しない人は、死後に、その遺産は国庫に帰属するという結末になる。もし、「自分の財産の国庫帰属を阻止したい。自分の全財産を受け継いでもらいたい愛すべき人物がいるので、その人物に遺産の全部を与えたい」と強く希望するのであれば、その人物に、自分の子（普通養子）になってもらうことである。

普通養子縁組を成立させるには、養親と、養子となる者同士の合意により、市区町村への届出をし、受理されることで成立する（要式行為）。

ところで、民法に定める養子縁組制度には、これから説明する「普通養子縁組」と、「特別養子縁組」の2種類がある。養親や養子になるのに年齢その他の要件が厳格に定められていて、縁組には家裁の審判が必要である「特別養子縁組」の話はここでは扱わない。

本書では「普通養子縁組」だけを述べるので、本書が「養子」という際は、これは全て「普通

養子」のことを指す。

自分の財産を受け継いでもらいたい人物・愛すべき人物を自分の養子にしてしまえば、こういった人物に遺産を遺贈するべく遺言書をチマチマ作成する必要もないし、後述するが、養子の立場で遺産を受け継がせる方が、養子側の税金負担が軽くなるというメリットもあるのだ。

養子縁組をすると、養子と養親の間、養子と養親の血族の間に法定血族関係が発生する。要するに、養子は、養親の嫡出子となる。養子と養親は法律上の親子となるので、養親の姓を名乗る。養親の法定相続人であり、遺留分権利者である（後述）。

そして、養親と養子の間に相互に扶養義務が発生することを知っておかねばならない。

そもそも養子縁組は、法律上の親子関係を成立させることを主目的とする制度であって、遺産の承継や相続税の軽減のみを目的とする制度ではないことを念頭に入れなければならない。

養子は法定相続人なので、養親の財産上の一切の権利義務を包括して承継する。養子は、養親のプラスの財産はもちろんのこと、借金などのマイナスの財産も、全てまるごと受け継ぐことになるので、要注意である。

したがって、これは包括遺贈の項でも書いたが、養親は、愛すべき養子（全財産を受け継ぐ人）を苦しませたくなければ、死ぬまでに借金などを完済しておくか、マイナスの財産があったとしても、それを圧倒的に上回るプラスの財産を形成しておくべきである。

ちなみに、これは蛇足となるが、もし、法定相続人としてきょうだい（またはその甥・姪）が存在し、彼らに遺産を相続させたくない場合なども、養子縁組をして自分の「子供」をつくっておけば、きょうだい（またはその甥・姪）の相続権を完全に排除できるのである。きょうだい（またはその甥・姪）には、遺留分取得の権利すらない。

話を戻すが、養親と、養子の実子などの元々いた血族との間には法定血族関係は成立しない。しかし、「養子縁組後」に養子に生じた血族と、養親の血族との間には法定血族関係が発生する。たとえば、養子と養親が養子縁組をした「後」に、養子に子供が誕生した場合は、養親とその養子の子（養親から見ると孫）には法定血族関係が発生するので、養子の子（孫）は、養親を代襲相続できることになる。

なお、普通養子縁組の場合は、養子とその実父母間の親族関係は終了しない。つまり、他人の養子になっても、依然として実父母の法定相続人であり続けるし、実父母の扶養義務も負わねばならない。つまり、普通養子には、養家と実家の両家の相続権と扶養義務があるのである。

以下、養親と養子についてのごく一般的な説明を行なう。

養親の条件とは？

養親になるには、成年者であればよく、独身者でもなれる。

ただし、養子が未成年である場合は、養親にもし配偶者がいれば、夫婦共同で養子縁組しなければならない。これは、未成年の養子を育てるには、夫婦が協力しなければならないという趣旨から定められたものである。

しかし、配偶者の連れ子を、自分の養子とする場合や、配偶者が意思を表示できない場合は、夫婦の一方のみが単独で養子縁組をすることができる。

養子が成年者である場合は、養親夫婦が共同で縁組する必要はないが、必ず養親の配偶者の同意を得なければならない。配偶者の知らない間に、自分と共同相続する人物が誕生していると困るからである。

なお、後見人が被後見人を自分の養子とする場合は、家庭裁判所の許可が必要である。

養子の条件とは？

言うまでもないことだが、法人を養子にすることはできない。個人しか養子にできない。

養子となる者が15歳以上ならば、実父母の意思と関係なく、養子縁組を単独で行なうことも可能だが、養子となる者が15歳未満の場合は、その実父母が、代わりに養子縁組の承諾をする（代諾養子縁組）。

養子が未成年の場合は、養子が、自分もしくは自分の配偶者の直系卑属（孫や配偶者の連れ子等）ではない限り、家庭裁判所の許可が必要となる。人身売買を防ぐためである。

養子になるには、養親の尊属（父母、祖父母、伯叔父母など）ではないこと、養親より年長者ではないことが条件である。養子は、とにかく養親より1歳でも若いことである。よって、実の弟や妹、年下のいとこなども、自分の養子にできる。

もし養子側が夫婦である場合は、夫婦もろとも養子にすることができるし、夫婦一方だけを単独で養子とすることもできる。ただし、夫婦一方だけが、誰かと養子縁組する場合は、他方の配偶者の同意を得なければならない（※配偶者が意思表示できない場合を除く）。

ちなみに、養子と養親は、婚姻できない。養子縁組を解消すれば、親族関係が終了するので一見婚姻できそうに思われるが、養子だった者と養親だった者同士は、「近親婚」に該当するので、その後も終生婚姻できない（婚姻届が受理されない）。

養親の遺産が、借金の方が多いことが判明したら

養親のマイナスの財産（借金など）の方がプラスの財産よりも多いことが判明し、それが逆転することがないと判断されるような場合は、養親と養子が合意して、市区町村に離縁届を提出することによって、いつでも養子縁組を解消できる。場合によっては、裁判によっても離縁をすることができる。

あるいは、養親の死後、養子が養親の死亡を知った時から3ヶ月以内（期間伸長の申立可能）に家裁に相続放棄の申述をすれば、養親のプラスの財産もマイナスの財産も一切受け継がない。相続放棄によって、初めから養親の相続人でなかったことになるのである（したがって、相続放

棄すると代襲相続も発生しない)。

ただし、養親の負債・借金が、いったいどの程度あるのか全く不明である場合は、養子は、養親の死亡を知った時から3ヶ月以内に家裁に「限定承認」の申述をする。

「限定承認」とは、養親の遺産をプラマイすれば、もしかするとプラスの財産が残る可能性もある場合に、養子が相続によって得た財産の限度内で、養親の借金を負担する制度である。なお、限定承認の申述は、相続人全員が共同して行なわなければならない。

「遺留分」って何やろ？――遺留分は養子にもあるで

被相続人(故人)が、その財産を、親類縁者、知人・友人などの第三者に対し、死亡前の一年間に生前に贈与し、または遺贈してしまったために、子(実子・養子)や配偶者などの一部の相続人が、「遺留分」に相当する財産を受け取れなかった場合は、どうするのか？

「遺留分」とは、一部の相続人が持つ、被相続人の財産から法律上取得することが保障されている最低限の取り分のことである。

遺留分権利者は、贈与または遺贈を受けた者に対し、遺留分を侵害されたとして、その侵害額に相当する金銭の支払を請求することができる。これを遺留分侵害額請求権と言うが、これを行使するには、必ずしも裁判による必要はなく、相手方に対し、その意思表示を行なえば足りる(通常は内容証明郵便にて行なわれる)。

ただし、きょうだいや甥姪などの相続人、あるいは受遺者（遺贈を受けた者）などには、遺留分の権利はない（遺留分はゼロである）。

遺留分の権利を要求できる一部の相続人とは誰なのか、次の「遺留分割合」の表に示した。養子も、実子と同じ割合の遺留分の権利を有する。遺留分の割合は、誰が相続人であるかによって異なる。

たとえば仮に、遺言者が「自分の遺産の3分の2を愛人Aに、残り3分の1を愛人Bに遺贈する」などと遺言書を作成したとすると、遺産は、遺志通り、愛人Aと愛人Bのものとなる。この時、遺留分の権利を持つ養子は、侵害額に相当する金銭の支払いを愛人たちに対し、請求ができる。

遺留分の侵害額を請求する先は、まず、遺産（遺言による遺贈）→生前贈与→遺留分を取り戻し切れない時は、新しい贈与、という順序となるのだが、遺留分侵害額請求の順序は、遺言者（被相続人）が遺言にて指定することもできる。

右の例のように、愛人Aと愛人Bに同時に遺贈した場合、「まずは愛人Bへの遺贈分を遺留分侵害額請求の対象とし、不足分があれば愛人Aに請求すること。」などと書くことができる。このように遺留分侵害額請求の順番を決めておけば、請求者である養子（相続人）は、複数の侵害者に按分請求しなくてよいので効率的であるし、トラブルを小さくすることができる。

法定相続人各人の遺留分割合

空欄はなし

法定相続人	配偶者	子（実子・養子）	孫	父母	祖父母	きょうだい	甥・姪
配偶者と子（実子・養子）	1/4	1/4					
子（実子・養子）のみ		1/2					
孫のみ【代襲相続】			1/2				
配偶者のみ	1/2						
配偶者と父母	1/3			1/6			
父母のみ				1/3			
祖父母のみ					1/3		
配偶者ときょうだい	1/2					無し	
きょうだいのみ						無し	
甥・姪のみ【代襲相続】							無し
配偶者と甥・姪	1/2						無し

養子と、全部包括受遺者の違いって、何やろ？

養子は、養親の嫡出子となり、法定相続人となるので、養親の財産上の一切の権利義務を包括して承継する。

遺産相続の観点から見ると、養子と非常によく似た立場の者として、全部包括受遺者がいる。「私の遺産全部をいとこの長男Aに遺贈する」という遺言を作成することででき上がる全部包括受遺者は、借金などのマイナス財産も含めて全財産を受け継ぐ。相続人と同一の権利義務を有するとされる包括受遺者なのだが、代襲しない、遺留分や寄与分などの権利を持たない、特別受益などが考慮されないなどの諸点で養子（法定相続人）とは違いがある。

もっとも、養子と全部包括受遺者は、存在趣旨からしてそもそも異なるので、相違があって当然である。

また、税金面について言えば、包括受遺者と養子の両者には、遺産を受け継いだ場合に、遺産総額によっては「相続税」が課税されることがある。

ここで結論だけを言うと、包括受遺者が負担する相続税よりも、養子が負担する相続税の方が基礎控除額が高くなり、課税遺産総額が減り、税額が低くなる（＝節税となる）。

つまり、相続人が全くいない人の遺産を譲り受けた者が「養子」の身分である方が、相続税が節税となる。相続税の負担軽減という点を中心に言うと、普通養子縁組をする場合は、養子を「2人」にするのが、最も節税となる（後述）。

普通養子縁組の手続方法は？

［届出場所］養親または養子の本籍地または住所地の市区町村の窓口に行く（年中無休、24時間受付可能）。
［届出人］縁組の当事者（養親及び養子）。ただし、養子が15歳未満の場合は、その法定代理人
［手数料］不要
［必要書類］
- 養子縁組届（成年の証人2人の署名が必要）
- 養親及び養子となる人の、戸籍全部事項証明書（届出市区町村と本籍地である市区町村が同じである場合は、戸籍全部事項証明書は不要である）
- 届出人の印鑑
- 届出人の本人確認書類
- 養子となる人が未成年者の場合、家庭裁判所の許可書の謄本（自己または配偶者の直系卑属を養子とする場合は不要）
- 後見人が被後見人を養子とする場合は、家庭裁判所の許可書の謄本
- 養子または養親となる人に配偶者がいる場合は、配偶者の同意書（配偶者とともに届出す

る場合は不要）
※外国籍の人との縁組届出は、外国籍の人の国籍によって必要な書類が異なるため、事前に各市区町村にて相談する。

【3つ目の遺産対策】
生前のうちに財産を贈与する
受贈者が非課税となる「暦年贈与」を使うべきやな

「暦年贈与」って、何やろ？

法定相続人が全く存在しないため、死後、自己の財産が国庫に帰属してしまうことを阻止したい、自分の財産の行き先は自分自身で決めたい、と強く願う場合、遺産対策として、遺言による遺贈と、普通養子縁組の二つの方法を述べてきた。

ここにもう一つ、生前贈与（暦年贈与）の活用を提案する。

「暦年贈与」とは、厳格なルールを守らなければならない遺言書作成の如き手間もかからず、課税の仕組みも運用方法もシンプルで、贈与者（財産を渡す人）が財産を渡す時期を自由に選ぶことができる。また、財産譲与の法律効果を生前に確実に見届けることができる上に、受贈者（財産をもらう人）から、一瞬であっても財産の贈与を大変感謝される。さらに、受贈者（財産をもらう人）側に納税義務がある贈与税の負担をなくする、ないしは少なくするというメリットを持つ生前贈与方法の一つである。

（ちなみに、蛇足だが、受贈者に財産を贈与することによって、刹那の感謝以上の見返りを期待するのは禁物である。見返り目的なら、贈与者は確実に不幸になるであろう。また、受贈者との関係を、生きている間くらいは良好に保ちたいのであれば、少額を小出し・小出しに相手に贈与することが肝要だ……。）

話が逸れたが、「暦年贈与」制度とは、受贈者（たち）に贈与する場合、1暦年（1月1日～12月31日）に、贈与額が110万円（基礎控除額）以内ならば、受贈者が負担する贈与税が非課税になるという仕組みのものだ（さらに所得税もかからない）。

ただし、この110万円以内ならば受贈者に贈与税がかからない暦年贈与は、受贈者が、あくまで「個人」である場合に限定して適用される非課税制度である。「法人」に対しても当然普通に財産を贈与できるのだが、法人には暦年贈与制度は使えない。法人に贈与すると、一般的な法人である場合、受贈益として収益に計上され、法人税がかかってしまう。

贈与税の税額＝

（贈与額－債務負担額）－110万円×贈与税率（10％～55％の超過累進税率）

たとえば、受贈者に対し、1年間に500万円を贈与した場合は、110万円を引いた390万円部分につき贈与税が課税される。

または、1年間に100万円だけを贈与した場合は、贈与税は非課税で、贈与税申告の必要もない。また所得税や住民税も課税されないので、この場合は受贈者側に不利益を与えることはない。

この暦年贈与は、相続税が課税されるレベルの財産（3000万円＋600万円×法定相続人の数）以上を保有する人が、数（十）年前から、贈与税の非課税枠である110万円の範囲内で、こつこつと受贈者に贈与を繰り返し行なって財産を減らし、相続税がかからないようにする、ないしは税金負担を減らす節税対策の基本中の基本として、しばしば利用される。構造が大変シンプルなので、資産家などから好まれている制度である。

もちろん、現金や預貯金の贈与のみならず、不動産（の持分）、上場株式、非上場株式、金地金、車両、宝石・貴金属、ゴルフ会員権などの財産の贈与も可能である。

こういった財産の贈与で問題となるのは、贈与税の計算における不動産、有価証券、宝石・貴金属などの「財産の評価」である。つまり、いくらなのか？　こういった財産の評価額が、110万円を超えてしまうと、受贈者側に贈与税がかかってしまう。

このような財産の評価は、原則として、相続開始日（被相続人の死亡日）時点の「時価」にて評価されるのだが、財産の種類により評価方法が異なる。贈与税の財産評価は、国税庁公表の「財産評価基本通達」という評価基準にしたがって行なわれる。

どんな人に贈与できるんやろ？

贈与額が年間110万円以下なら贈与税が非課税となる暦年贈与制度の受贈者（財産を受け取る側）として、「法人」は、適用外である。法人にたとえば100万円を贈与したところで、法人は非課税にならない。受贈した法人には法人税がかかるのである（法人に贈与税はかからない）。

暦年贈与制度の受贈者は、縁組した養子、親族、知人・友人、同僚、誰でもいい。

中学生や高校生などの未成年者に対し、負担付ではない贈与（例　住宅ローンの付いていない住宅などの贈与）を行なう場合については、中高生自身が単独で贈与を受諾でき、有効に贈与契約を成立させることができる（親権者の同意など不要である）。

ちなみに、0歳児や乳幼児に対する贈与も（遺贈と同様で）可能である。贈与は、一方の当事者による一方的な意思表示で有効に成立する遺贈とは異なり、贈与者と受贈者の両当事者が「あげます」「受け取ります」の意思表示の合致によって成立する「契約」である。

幼すぎて意思を表示できない乳幼児が贈与を受ける場合は、親権者または未成年後見人が法定代理人として、乳幼児を代理して贈与契約を締結する。つまり、「受け取ります」という受諾の意思表示を、乳幼児に代わって親権者（法定代理人）などが行使することにより、贈与契約は有効に成立することになる。

なお、遺贈の場合と異なり、胎児に対しては贈与できない。

「注意事項」を守らんと、受贈者に贈与税が課税されるで

たとえば毎年100万円ずつ10年間にわたって贈与する旨を、贈与者と受贈者の間で約束したような場合、これを「定期贈与」と言う。定期贈与となると、100万円×10年間で、1000万円の贈与を受けたものとして、1000万円につき贈与税が課税される。

贈与者が、基礎控除の110万円の範囲内で、以後数（十）年間にわたり毎年100万円ほどを贈与（暦年贈与）しようと計画する場合、一定の「注意事項」を守らないと、国税当局に定期贈与だとみなされてしまうおそれがある。そうなると、贈与税が課税され、受贈者（贈与を受け取る人）側が高い贈与税を支払わなければならず、痛手を負う。

暦年贈与を行なう際に、国税当局に、定期贈与とみなされないためには、都度の贈与契約の締結、その証拠資料としての贈与契約書の作成が基本中の基本である。

以下に、3パターンの『暦年贈与』の贈与契約書の記載例」を示しつつ、受贈者が非課税となる暦年贈与を行なう際の「注意事項」を書く。

①贈与は、贈与者と受贈者の両当事者が「あげます」「受け取ります」と合意して成立する契約である。たとえ受贈者が養子や親類などの血縁者であっても、毎年、財産を贈与する

おひとり様の相続
［4つの対策］

都度、贈与契約締結の証拠として、必ず贈与契約書を作成し、双方が取り交わし、保管しておくこと。

②毎年、異なった時期に、異なった額を贈与するなどの工夫をすること。

③「名義預金」は贈与契約が不成立となるので、行なってはならない。

名義預金とは、たとえば親が勝手に子や孫のための銀行口座を開設して、子や孫に知らせずに、お金をプールすることである。

④受贈者に実際に財産を渡すこと。現金の場合は、手渡しではなく、証拠として残る銀行口座への振込の方法を用いる。不動産や株式など、登記・登録制度のある資産については、受贈者名義に変更する。

⑤贈与額が110万円を超える場合は、必ず贈与税の申告（毎年2月1日～3月15日まで）を行なう。

⑥相続税が課税されるほどの財産を保有する人が、養子などの相続人に贈与を行なう際は、要注意である。たとえ贈与税が非課税となる110万円以内の贈与であっても、被相続人の死亡前、3年以内に養子などの相続人に贈与を行なった場合は、その額を相続財産に組み戻して、相続税の計算をしなければならない。つまり、相続人（養子）が負担する相続税が増えてしまうのである。

したがって、相続（＝被相続人の死亡）が3年以内に起きそうな場合は、養子などの相続

「暦年贈与」の贈与契約書の記載例①
受贈者も贈与者も共に成年者である場合

贈与契約書

贈与者山田太郎（以下甲とする）は、受贈者鈴木一郎（以下乙とする）と、本日、下記の通り、贈与契約を締結した。

第１条　甲は、現金1,000,000円を乙に贈与するものとし、乙はこれを受諾した。

第２条　甲は、第１条に基づき贈与した現金を、令和２年10月１日までに、乙が指定する下記銀行預金口座に振り込むものとする。振込手数料は甲の負担とする。

銀行名　三井住友銀行
支店名　大阪支店
口座種類　普通
口座番号　1234567
口座名義人　鈴木一郎（スズキイチロウ）

当該贈与契約が成立した証として、本契約書を２通を作成し、甲乙双方署名捺印の上、甲乙双方が各１通を保管するものとする。

令和２年９月１日

（甲）住所　大阪市中央区道修筋一丁目１番１号
氏名　山田太郎　印

（乙）住所　大阪府豊中市新在家二丁目２番２号
氏名　鈴木一郎　印

※贈与契約書に貼付する収入印紙の額について
不動産の贈与契約：金額にかかわらず一律200円（印紙税法別表第１号の１）
不動産以外（現金や株式など）の贈与契約：収入印紙は不要

「暦年贈与」の贈与契約書の記載例②
受贈者が中高生等の未成年者である場合

贈与契約書

贈与者山田太郎（以下甲とする）は、受贈者鈴木一郎（以下乙とする）と、本日、下記の通り、贈与契約を締結した。

第1条　甲は、現金1,000,000円を乙に贈与するものとし、乙はこれを受諾した。

第2条　甲は、第1条に基づき贈与した現金を、令和2年10月1日までに、乙が指定する下記銀行預金口座に振り込むものとする。振込手数料は甲の負担とする。

銀行名　三井住友銀行
支店名　大阪支店
口座種類　普通
口座番号　1234567
口座名義人　鈴木一郎（スズキイチロウ）

当該贈与契約が成立した証として、本契約書2通を作成し、甲乙双方及び乙の親権者が署名捺印の上、甲乙双方が各1通を保管するものとする。

令和2年9月1日

（甲）住所　大阪市中央区道修筋一丁目1番1号
氏名　山田太郎　印
（乙）住所　大阪府豊中市新在家二丁目2番2号
氏名　鈴木一郎　印
乙の親権者（父）　住所　大阪府豊中市新在家二丁目2番2号
氏名　鈴木健一　印
乙の親権者（母）　住所　大阪府豊中市新在家二丁目2番2号
氏名　鈴木花子　印

※受贈者が未成年者だが、贈与受諾の意思表示ができる程度の能力がある場合の記載例である。「負担なし贈与」の場合、未成年者は親権者の同意無く、単独で贈与を受諾できる。しかし、トラブル防止のために、この記載例では未成年者の父母両方の親権者の署名欄を設定している。
※贈与契約書に貼付する収入印紙の額については①と同じく。

「暦年贈与」の贈与契約書の記載例③
受贈者が乳幼児等の未成年者である場合

贈与契約書

贈与者山田太郎（以下甲とする）は、受贈者鈴木一郎（以下乙とする）と、本日、下記の通り、贈与契約を締結した。

第1条　甲は、現金1,000,000円を乙に贈与するものとし、乙の親権者鈴木健一及び同鈴木花子はこれを受諾した。

第2条　甲は、第1条に基づき贈与した現金を、令和2年10月1日までに、乙が指定する下記銀行預金口座に振り込むものとする。振込手数料は甲の負担とする。

銀行名　三井住友銀行
支店名　大阪支店
口座種類　普通
口座番号　1234567
口座名義人　鈴木一郎（スズキイチロウ）

当該贈与契約が成立した証として、本契約書2通を作成し、甲及び乙の親権者が署名捺印の上、甲及び乙の親権者双方が各1通を保管するものとする。

令和2年9月1日

（甲）住所　大阪市中央区道修筋一丁目1番1号
氏名　山田太郎　印
（乙）住所　大阪府豊中市新在家二丁目2番2号
氏名　鈴木一郎
乙の親権者（父）住所　大阪府豊中市新在家二丁目2番2号
氏名　鈴木健一　印
乙の親権者（母）住所　大阪府豊中市新在家二丁目2番2号
氏名　鈴木花子　印

※受贈者が未成年者で、贈与受諾の意思表示ができる能力がない（贈与受諾の署名捺印も出来ない）場合の記載例である。このような場合は、親権者が未成年者に代わって法定代理人として、贈与契約を締結し、親権者が署名押印する。
※贈与契約書に貼付する収入印紙の額については①と同じく。

人に贈与することを忌避して、相続人以外の人に贈与するといい。

暦年贈与における課税について

【受贈者が個人である場合】

「贈与を受けた側」に贈与税が課税される。よって、「贈与税」という名称はおかしくて、正しくは「受贈税」であろう。

受贈者が「個人」で、贈与額が110万円の基礎控除額を超える場合は、贈与税の納税義務が生じる。贈与額が110万円以下なら贈与税も所得税も非課税である。

また、宗教、慈善、学術その他公益事業を行なう者に贈与する場合で、贈与財産を公益事業に使うことが確実である場合は、その受贈者に贈与税はかからない。

【受贈者が法人である場合】

一方、「法人」に対しても当然財産を贈与できるが、「法人」には暦年贈与制度は使えない。受贈者が株式会社のような普通法人である場合は、贈与税が課税されるのではなく、法人税と法人住民税の方がかかる。法人税の計算において贈与税にあるような110万円の控除枠などはない。なお、一定の公益法人等の場合は、原則として法人税は非課税となる。

ところで、贈与における課税関係でやや注意を要する点は、場合によっては、「贈与した個人の側」に譲渡所得税及び住民税の負担が生じる可能性があることである。

それはすなわち、「会社などの法人」へ、現金以外の不動産や株式等の財産を贈与する場合は、贈与者側に税負担が生じる可能性があるということである。

贈与者個人が、会社などの法人に、現金を除く不動産や株式等を贈与した場合、贈与した個人が、贈与財産を時価で法人に譲渡したものとみなされ（＝みなし譲渡）、贈与財産の時価の方が、取得価額や経費よりも高くなると（つまり値上がり益が発生すると）、贈与した個人の側に、譲渡所得税や住民税が課税され、譲渡所得の申告が必要となるのである。

しかし、会社等の法人に対してではなく、「国、地方公共団体、一定の公益法人等」に、現金以外の不動産や株式等の財産を贈与した場合は、国税庁長官の承認を受ければ、贈与した個人が負うことになる譲渡所得税などが非課税となる特例がある（40条特例）。

（しかし、相続人が全く存在せず、自分が死亡した時に、遺産の国庫帰属を阻止したいと熱望しているような人が、現実的な選択として、果たして自分の財産を「国や地方公共団体」に贈与するだろうか？　という原初的な疑念は生じるが……。）

ちなみに、時価の観念のない「現金」を、法人に対して贈与する場合は、値上がり益などは出ないため、贈与者個人の側に譲渡所得税の納税負担は発生しない。

以上の仕組みは、前述したように遺贈をした場合と同様である。

おひとり様の相続
［4つの対策］

相続	贈与契約
相続とは、人が死亡した時に当然に発生する、死者の財産を配偶者、父母、子（実子・養子）などが財産を引き継ぐこと。	贈与者の一方が、財産を無償で受贈者に与える行為で、贈与者の「あげます」と、受贈者の「受け取ります」の意思表示の合致で成立する。
	契約締結時に一定の方式を必要としない。口約束でも成立するが、書面によらない贈与は原則いつでも取り消しできるので、契約書を作成するほうが良い。
•被相続人の資産負債、権利義務の一切を包括的に受け継ぐ。 •複数の相続人や包括受遺者がいる場合は、遺産分割協議をする必要がある。	
•相続開始前（被相続人の生前）にあらかじめ相続放棄は出来ない。 •相続人は、被相続人の死亡を知った時から３ヶ月以内（期間伸長の申立可能）に相続の放棄又は限定承認を家裁に申述する。 •限定承認は相続人全員が共同して行なわなければならない。 •3ヶ月の熟慮期間内に家裁に相続放棄や限定承認の申述をしなかった場合、相続人が相続財産の全部又は一部を処分、隠匿、消費した場合は相続放棄や限定承認が認められず、単純承認したことになる。	

遺贈、相続、贈与の違い❶

	遺贈	
	包括遺贈	特定遺贈
内容	「財産全部をいとこに遺贈する」、「財産の２分の１を次男に相続させる」などのように、遺産の全部又はその割合を指定してする遺贈方法。	「広尾１丁目の家を遺贈する」、「○○社の上場株式 100 株を遺贈する」というふうに個別の財産を特定してする遺贈方法。
意思表示の分類	必ず「遺言書」で行なわなければならない。	必ず「遺言書」で行なわなければならない。
財産を譲り受ける者の権利義務など	・包括受遺者は相続人とほぼ同一の権利義務を有するので、遺贈の放棄又は限定承認ができる。 ・被相続人の資産負債、権利義務の一切を、遺言で指定された割合で包括的に受け継ぐ。借金などのマイナス財産があれば遺贈の割合に従って、弁済の責任を負う。 ・遺産分割協議に包括受遺者も参加する必要がある。	・遺言者の別段の意思表示がない限り、借金などのマイナス財産を承継しない。プラスの財産だけが与えられる。 ・遺産分割協議に参加出来ない。
放棄や限定承認について	・包括受遺者は相続人とほぼ同一の権利義務を有するので、遺贈者の死亡を知った時から３ヶ月以内（期間伸長の申立可能）に遺贈の放棄又は限定承認を家裁に申述する。 ・限定承認は、他の相続人や受遺者全員が共同して行なわなければならない。 ・3 ヶ月の熟慮期間を徒過した場合、遺贈財産の全部又は一部を処分、隠匿、消費した場合は、包括受遺者が遺贈を単純承認したものとみなされ、遺贈の放棄が出来なくなる。 ・特定遺贈でも包括遺贈でも、一度行なった放棄は、取り消し出来	・遺言者の死亡後、相続人か遺言執行者に対して、遺贈を放棄する意思を表示することによって行なう。いつでも遺贈を放棄でき、家裁への申述は不要。 ・相続人や他の受遺者などの利害関係人は、特定受遺者に対して、遺贈の放棄をするかどうか催告出来る。特定受遺者が無返事の場合は遺贈を承認したものとみなす。

おひとり様の相続
[4つの対策]

相続	贈与契約
固定資産税評価額× 0.4%	固定資産税評価額× 2%
	固定資産税評価額× 2%
非課税。	課税される。
	課税される。
相続税が課税される。	贈与税が課税される。
	贈与税が課税される。
	「書面」で行なっていない贈与ならば、各当事者がいつでも取り消して無効にできる。 【取り消しができない場合】 ・履行済部分（登記済、引渡済）は、贈与契約を取り消しできない。 ・書面で行なった贈与は、取り消しできない。 ・（結婚しているケース）夫婦仲が破綻した夫婦（仮面夫婦）の一方から、夫婦間で行なった贈与の取消主張はできない。

遺贈、相続、贈与の違い❷

		遺贈	
		包括遺贈	特定遺贈
		ないが、詐欺や強迫によって放棄させられたような場合は取消すことができる。	
登録免許税（不動産を譲り受ける者が――）	法定相続人	受遺者が法定相続人の場合は、相続と同じなので固定資産税評価額× 0.4%	受遺者が法定相続人の場合は、相続と同じなので固定資産税評価額× 0.4%
	法定相続人ではない	受遺者が、親類や知人・友人など法定相続人ではない場合は、固定資産税評価額× 2%	受遺者が、親類や知人・友人など法定相続人ではない場合は、固定資産税評価額× 2%
不動産取得税（不動産を譲り受ける者が――）	法定相続人	非課税。	非課税。
	法定相続人ではない	包括受遺者は、相続人と同一の権利義務を有するので、非課税。	課税される。
相続税又は贈与税（財産を譲り受ける者が――）	法定相続人	相続税が課税される。	相続税が課税される。
	法定相続人ではない	相続税が課税される。	相続税が課税される。
一方の当事者が、一方的に取り消しをして、贈与又は遺贈を無効にできるか？		いつでも自由に全部又は一部を取り消しをして遺贈を無効にすることができる。しかし、それは必ず遺言書の方法で行なわなければならない。	いつでも自由に全部又は一部を取り消しをして遺贈を無効にすることができる。しかし、それは必ず遺言書の方法で行なわなければならない。

相続	贈与契約
一部の相続人にある。養子にもある。 ※相続開始前（被相続人の生前）に家裁の許可を得て遺留分を放棄出来る。相続開始後の遺留分放棄もできる（相続開始後は家裁の許可は不要）。	ない。
ある。	ない。
ある。	ない。
する。但し、相続人が養子である場合、養子縁組前に生まれていた養子の子は代襲相続しない。	しない。
ある。次のような者は、相続を受ける権利を、自動的に剝奪される。 （1）故意に被相続人又は相続を受ける先順位者もしくは同順位者を死亡させ、又は死亡させようとし、刑に処せられた者 （2）被相続人が殺害されたことを知りながら告発・告訴しなかった者 （3）詐欺又は脅迫によって、被相続人が相続に関する遺言をし、撤回し、取り消し、又はこれを変更することを妨げた者 （4）詐欺又は脅迫によって、被相続人に相続に関する遺言をさせ、撤回させ、取り消させ、又は変更させた者 （5）相続に関する被相続人の遺言書を偽造、変造、破棄、隠匿した者	ない。
借家権も借地権も相続人が包括的に承継する。借家権・借地権を第三者に譲渡・転貸するわけではないので、賃貸人（地主や大家）の承諾は不要。	賃借権の譲渡であるから、借家権・借地権を受け継ぐには、賃貸人（地主や大家）の承諾が必要となる。

遺贈、相続、贈与の違い❸

	遺贈	
	包括遺贈	特定遺贈
遺留分の権利はあるか？	ない。	ない。
寄与分考慮による財産の増額は？	ない。	ない。
特別受益考慮による財産の減額は？	ない。	ない。
代襲相続はするか？	しない。 遺言者よりも受遺者の方が先に死亡した場合は、遺贈は無効。	しない。 遺言者よりも受遺者の方が先に死亡した場合は、遺贈は無効。
相続欠格又は受遺欠格はあるか？	ある。次のような者は、遺贈を受ける権利を、自動的に剥奪される。 (1) 故意に被相続人又は相続を受ける先順位者もしくは同順位者を死亡させ、又は死亡させようとし、刑に処せられた者 (2) 被相続人が殺害されたことを知りながら告発・告訴しなかった者 (3) 詐欺又は脅迫によって、被相続人が相続に関する遺言をし、撤回し、取り消し、又はこれを変更することを妨げた者 (4) 詐欺又は脅迫によって、被相続人に相続に関する遺言をさせ、撤回させ、取り消させ、又は変更させた者 (5) 相続に関する被相続人の遺言書を偽造、変造、破棄、隠匿した者	
受け継ぐものが借地権・借家権である場合	賃借権の譲渡に当たるから、借地権・借家権を受け継ぐには、賃貸人(地主や大家)の承諾が必要となる。 但し、受遺者が相続人ならば承諾は不要である。	

受贈者が個人である場合

110万の基礎控除を超える場合は、受贈者に贈与税がかかる。
ただし、受贈者が公益事業を行なう者で一定の場合は、贈与税はかからない。

受贈者が法人である場合

受贈法人に法人税・法人住民税がかかる。
ただし、受贈法人が公益法人等で一定の場合は、法人税は非課税となる。
※法人に不動産や有価証券等を贈与した個人の側に、一定の場合、譲渡所得税が課税されることがある。

「遺贈、相続、贈与の違い」として、以上で説明した三つの方法について比較表を示したところを以て、ひとまず遺贈、養子縁組、贈与の説明を終えることとする。

【4つ目の遺産対策】
いっそのこと、財産を売却して、思いのままに使ったらどうやろ？

人生の充実、断捨離の一環にもなるで

見出しに「4つ目の遺産対策」と銘打ったが、以下述べることは「生前から講じるべき適切な遺産対策」と呼べるものではないかもしれない。

相続人が全くいない人が長年にわたり苦労して形成した財産が、相続人が存在しないばかりに、見す見す国庫に帰属してしまうのは甘受できない。かといって、自分の財産を受け継いでもらいたいという人物が、現実に存在しないという場合は、自分の財産の全部または一部を、生きているうちに自分の思い通りに費消してしまうという選択肢もある。

ある程度の資産を保有する人が、生前にその資産価値の恩恵を受けることができないのは、大変な損失である。冥土に資産は持っていけないのである。

身寄りがなく相続人が全くいない人が保有する不動産、有価証券、高級車、キャンピングカー、船舶、貴金属・宝石、書画・骨董品、金地金、ブランド品、金券など換金性がある資産を生前のうちに売却し、換金する。

こういった聞くからに典型的な「資産」のみならず、たとえば書籍（マンガ本、攻略本含む）、衣服（着物含む）、食器、生活雑貨、パソコン、ゲーム機、家具、スポーツ用品、ホビー関係、レトロ品などを、リサイクルショップに買い取ってもらう、フリーマーケットに出品する、あるいはネット上（フリマアプリやオークションサイトなど）にて売却し、換金することもできる。

こうして得た現金を、生きているうちに、自分の思いのままに、楽しみながら費消してしまうことは、人生の満足度、幸福度が上がり、全く悪いことではないと思う（人の価値基準は様々で一概には言えないが）。ここで言う「費消」という言葉には、「浪費」のニュアンスを若干含んでいる。

本書は、あくまでも、死後に国庫に帰属することが予想されるような（ある程度多額の）資産を保有している人が、当該資産を売却して獲得したお金の費消を提案するのであって、当面生きていくのに必要な生活資金を流用することまで勧めているわけではない旨、釘を差しておく。

好きな人にお金を貢ぐのも良し、何らかの団体に寄付をするのも良し、ゲーム、パーティー、趣味などのために浪費するのも良し、美食、旅行などをして贅沢するのも良し、ナイトレジャー業界の売上に貢献するのも良し、マネーゲームで溶かすのも良し、ギャンブルなどで無軌道に散財してしまうのも良し。

何よりも現有資産を生前のうちに売却してしまうことは、断捨離の一環にもなる。相続人が全くいない人が、できるだけ身の回りにある有形・無形の不要なモノを減らし、身辺整理を図ることは、重要なことである。

とは言うものの、生前のうちに、自分のいろいろな資産を矢継ぎ早に処分しすぎると、場合によっては再購入をする羽目になったり、現在の生活に支障をきたすおそれがあったりするので、断捨離は、目的と手段を混同せず、バランスよく行なうことが大事であることは言うまでもない。

ちなみに、自分の資産を売却して得たお金で、次々と有形資産を購入することは、人によっては人生の幸福度アップにつながるかもしれないが、新たなモノを増やすことになり、身辺整理と逆行するような場合もあるので、要注意である。

なお、生前に不動産、有価証券、高級車、貴金属・宝石、書画・骨董品、金地金、ブランド品などの資産を売却し、譲渡益（プラスの譲渡所得）が生じれば、譲渡人（財産を売った人）は譲渡所得の申告をしなければならないので、課税関係には注意を要する。

資産の売却時の課税について

断捨離の一環、あるいは現金をつくる目的で保有する資産を売却する場合に、売却した側に、納税義務が生じるかもしれないので注意を要する。

不動産、有価証券、ゴルフ会員権、高級車、キャンピングカー、船舶、知的財産権、金地金、貴金属・宝石、書画・骨董品、ブランド品、ゴルフ会員権、漁業権などといった資産・権利を売却した結果、譲渡益（プラスの譲渡所得）が発生した場合は、売却した側が譲渡所得を申告しなければならず、所得税・住民税の負担が増える。逆に、譲渡損が出た場合は申告の必要はない。なお、一定の譲渡損は、他の黒字の所得と損益通算できる場合があり、これをすると所得税の節税につながることもある。

譲渡所得税の算出方法や税率は、譲渡対象資産、保有期間の長短、特別控除の有無などによって異なるので一概に説明しがたい。

たとえば不動産を売却し、売却益が発生した場合は、所有期間の長短により、課税総所得金額の20・315％（所得税15・315％、住民税5％）から、39・63％（所得税30・63％、住民税9％）が税率となる。

ただし、自分にとって不要となった「生活に通常必要な動産」を、リサイクルショップやフリマアプリなどで売った場合は課税されない。

「生活に通常必要な動産」というのは、たとえば家具、什器（日常生活で使用する道具類）、通勤用の自動車、衣服などの通常の生活を送る上で必要となるもののことである。こういった動産を売却した結果、売却益が発生した場合であっても、譲渡所得税は課税されない。ただし、生活に通常必要な動産であっても1セットの価額が30万円を超える貴金属・宝石、書画・骨董品などを譲渡する場合は、課税対象となる。

また、不動産や有価証券以外の動産や権利などの資産、すなわち高級車、キャンピングカー、宝石・貴金属、楽器、金地金、ブランド品、ゴルフ会員権などを売却した場合は、50万円の特別控除額があるので、こういった動産などの売却価額が50万円以下であれば、譲渡所得はゼロ円となるので、譲渡所得の申告の必要はない。

ちなみに、会社などに勤務し、会社1箇所から給与所得を得ているサラリーマンに、給与所得及び退職所得以外の所得（たとえば譲渡所得、事業所得、一時所得、雑所得、配当所得など）があって、それらの所得の合計額が年間20万円を超える場合は、必ず確定申告をしなければならない。

「リバースモーゲージ」は、相続人がいない人のための制度やで！

生きている間、借入金の返済は不要

保有する自宅不動産を生前に売却し、売却益が出て所得税・住民税が増えることになるのは嫌だ、かつ一々転居するのが面倒くさいという人には、「リバースモーゲージ」の制度を利用する手もある。

「リバースモーゲージ」とは、保有する自宅不動産を担保にして、老後の生活費などを一括また

は定期金の形で借りられる貸付制度のことで、各銀行、都道府県社会福祉協議会、住宅金融支援機構などが実施している。

主に55歳または60歳以上の中高年齢層が利用できる（年齢上限がないものもある）。担保にできる自宅不動産は、多くは一軒家（土地及び建物が自己所有）だが、債権者によっては分譲マンションなどでも可能な場合もある。

リバースモーゲージの仕組みは、債権者である銀行等が、借入人の自宅不動産に根抵当権を設定し、借入人は極度額の範囲内（融資枠）で融資を受ける。

リバースモーゲージの融資枠は、契約時の不動産評価額に応じて決定される。担保評価は、経年劣化しない土地を中心に評価し、土地評価額の50％～70％以内とする銀行等が多い。一般的な「住宅ローン」と似ているが、住宅ローンは最初に借り入れた額を毎月返済していく制度であるのに対し、リバースモーゲージは、融資枠内の額を借りるだけ借り続けることができ、生きている間の返済は原則不要である。

借入人の死後に、根抵当権に供された自宅不動産が売却されることによって一括返済となる（返済の方法は債権者により異なる）。

リバースモーゲージのメリット

債権者ごとに、あるいは債権者の提案するプランごとに内容は若干異なるので一概には言えないが、リバースモーゲージには、次のようなメリットがある。特に、次の⑥については、相続人が全くいない人にとっては、大きなメリットである。

①生きているうちは自宅に住み続けることができ、面倒な転居の必要がない。

②借入人ごとに設定された融資枠内で、必要な時に、必要な額の借り入れができる。

③生きている間は、（利息も借入額に組み入れられている場合は）月々の返済は不要、あるいは、利息分のみの返済でいい。

④住宅ローンの残債がある高齢者は、リバースモーゲージに借り換えることで返済負担を大幅に解消できる場合もある。

⑤資金使途は自由型と限定型があり、条件ごとに異なる。自由型であれば、生活資金に限らず旅行代、グルメ代、趣味娯楽のための費用、老人ホームなどの入居一時金などにも使える。しかし、たとえ自由型であっても、事業目的や投資目的での借り入れは不可である。

⑥借入人が死亡して、相続が開始し、相続人（たち）に帰属した自宅不動産を売却することによって銀行等への弁済に充てることになる。相続人（たち）はその家に住むことができなくなる上に、売却益が生じれば譲渡所得税・住民税の納税義務を相続人（たち）が負うことになる。このように、リバースモーゲージは、多かれ少なかれ相続人に不利益を与えるため、相続人がいる高齢者がリバースモーゲージを申し込む際には、借入人の相続人（たち）の同意が必要となる。

しかしながら、相続人が全くいない人にとっては、如上の手間も一切ない。こういった理由から、しばしば相続人が全くいない人には、リバースモーゲージの利用が「向いている」と言われる所以である。

第5章
遺贈、養子縁組、生前贈与の3つの税金比較
財産を受け継ぐ人の税金負担が軽くなった方がええわな！

遺産を受け継ぐのが「養子」の場合と「第三者」の場合、どっちの方が税金が安いんやろか？

「養子」の方が節税？「受遺者」の方が節税？

養子または受遺者が、遺産を受け継いだ場合、当然彼らに各種の税金負担が生じる。

そもそも養子と受遺者は、存在原理からして異なるのだが、遺産を受け継げるという立場において非常に類似している。

相続人が全くいない人が、自分の遺産を譲り渡したいと望む好ましい人を、自分の「養子」という「身分」にした方が節税となるのか？　あるいは「受遺者」という「身分」にした方が節税となるのか？

以下にて比較検討を行なった。

結論から先に述べると、一般的に、相続人が全くいない人の遺産が多額であればあるほど、「養子」という相続人たる立場で遺産を受け継ぐ場合の方が、様々な税が節税となる。


相続税は、養子という身分で相続させる方が節税になるで

遺産を受け継いだ受遺者や養子には、「相続税」が課税される。赤の他人である知人・友人などの第三者が受遺者として遺産を譲り受けた場合であっても、課税される税金の種類は「相続税」となる。

相続税の計算式は、次のようになる。ややこしいので、飛ばして読んでいただいても結構である。

［第1段階（課税遺産総額の算出）］

課税遺産総額＝本来の相続財産＋みなし相続財産（死亡保険金、死亡退職金・功労金、個人年金の年金受給権など）－非課税財産（死亡保険金や死亡退職金などの非課税額、墓地、仏壇仏具など）－債務控除（債務、通夜葬儀費用）＋相続または遺贈により遺産を取得した人が死亡前3年以内に受けた生前贈与財産の組戻し額＋相続時精算課税による生前贈与財産の組戻し額－基礎控除額

［第2段階（相続税総額の算出）］

課税遺産総額を各相続人の法定相続分で按分し、各相続人の課税価格を出す。各相続人の課税価格に相続税率を乗じ、各相続人の相続税額を算出する。各相続人の相続税額を足し合わせた相続税総額を出す。

［第3段階（各相続人の実際納税額を算出）］

相続税総額を実際の各相続人の相続割合で按分し、各相続人の相続税額を算出する。算出した各相続人の相続税額に次のものを加算または控除する。

- 加算——2割加算
- 控除——未成年控除、障害者控除、相次相続控除、外国税額控除、贈与税額控除、配偶者の税額軽減

結論だけを先に言ってしまうと、法定相続人である養子が相続税を申告する場合の方が、法定相続人でない受遺者よりも税負担は減る。それは以下の①〜③の理由にある。

①相続税の基礎控除額

養子が相続税を申告する際は、養子は法定相続人なので、相続税の「基礎控除額」が増えて、課税遺産総額が減り、節税となる。

この「基礎控除額」が増えれば増えるほど、節税になるのである。

相続税の基礎控除額＝

3000万円＋600万円×相続放棄者を含めた法定相続人の頭数

もし仮に養子（法定相続人）が1人の場合は、基礎控除額は3600万円となる。一方、相続人が存在せず、受遺者が相続税を申告する場合の基礎控除額は3000万円である。

②死亡保険金や死亡退職金などの非課税額

死亡退職金や死亡保険金などは、遺産分割の対象となる民法上の「相続財産」ではない。しかし、相続税の課税対象になる。

もし、養子や受遺者が、死亡退職金や死亡保険金などを受け取った場合、これらは、税法上の「みなし相続財産」として加算するのだが、相続財産の計算からは死亡保険金や死亡退職金などの非課税額を「非課税財産」として控除し、課税価格を算出する。

養子などの相続人がいれば「非課税額」が増えて、課税価格が減り、節税となる。

この死亡保険金や死亡退職金などの「非課税額」が増えれば増えるほど、節税になるのである。この仕組みは、前出の相続税の基礎控除額と同様である。

死亡退職金や死亡保険金などの非課税額＝500万円×相続放棄者を含めた法定相続人の頭数

もし養子（法定相続人）が1人の場合は、控除できる死亡退職金や死亡保険金などの非課税額は、500万円となる。しかし、法定相続人ではない受遺者の場合は、死亡退職金や死亡保険金などの非課税額は、ゼロ円である。

「ならば、複数の養子と縁組しまくれば、基礎控除などが増額し、節税効果が抜群じゃないか？」と考えるのが通常の感覚なのだが、残念ながら、法律側が先手を打っている。

相続税の基礎控除額や、死亡保険金・死亡退職金などの非課税額の計算を行なう上で、養子が複数いたとしても、法定相続人の数に含めて計算できる養子の数は、次に示すように、制限されているのだ。

相続税の基礎控除額、死亡保険金・死亡退職金の非課税額などの計算をする際の法定相続人の数に含めることができる養子の人数制限

- 被相続人に、実子、特別養子、被相続人と養子縁組した配偶者の連れ子などがいる場合は、普通養子1人まで。
- 一方、被相続人に、実子、特別養子、被相続人と養子縁組した配偶者の連れ子などがい

ない場合は、普通養子2人まで。

したがって、相続税の負担軽減という観点から言えば、相続人が全くいない人が普通養子縁組をする場合は、養子を「2人」にすると、最も節税となる。

③相続税額の2割加算

1親等の血族及び配偶者以外の人、たとえばおじ・おば、いとこなどの親類、あるいは知人、友人などの第三者が相続または遺贈によって財産を取得した場合は、相続税の納付額が2割増加し、納付税金が高くなってしまう。

翻って、養子は、1親等の法定血族であるので、相続税額の2割加算の対象外である。

登録免許税は、養子という身分で相続させる方が節税になるで

遺産相続において、遺産が不動産で、法定相続人である養子名義に所有権移転登記を申請する場合に必要な登録免許税は、法定相続人ではない受遺者名義に移転登記する場合よりも、安い。

相続または遺贈で不動産を譲り受けた者が法定相続人（養子）である場合は、

固定資産税評価額×0・4％

となるのだが、一方、不動産を譲り受けた受遺者が法定相続人ではない場合は、

固定資産税評価額 ×2％
である。

不動産取得税は、第三者に不動産を特定遺贈すると課税されるで

遺産相続において、遺産が不動産である場合、不動産を譲り受けた人が法定相続人（養子）である場合は、不動産取得税は非課税である。また、法定相続人ではない包括受遺者であっても（包括受遺者は相続人とほぼ同一の権利義務を有するので）、不動産取得税は非課税である。

しかし、不動産を譲り受けた特定受遺者（特定遺贈を受けた人）が法定相続人ではない、赤の他人（親類、友人、知人など）である場合は、

固定資産税評価額 ×4％
の不動産取得税が課税される。

生前贈与する相手が「養子」の場合と「第三者」の場合、どっちの方が贈与税が安いんやろか？

養子への贈与税率は低いで

２０１５年以降の贈与については、税率が2本建てになった。「一般贈与財産」（＝「特例贈与財産」以外）は「一般税率」で税額計算をする。一方、「特例贈与財産」（20歳以上の養子、実子、孫などが、親などから贈与を受けた場合）については、「特例税率」で税額計算をすることになった。

特例贈与財産の方が、一般贈与財産よりも税額が低く設定されているため、贈与税の軽減となる。

つまり、知人・友人や親類などに贈与するよりも、20歳以上の子（養子）に贈与する方が、受贈者側の贈与税負担が軽くなる。

もちろん、養子に贈与する場合であれ、知人・友人や親類などに贈与する場合であれ、基礎控除額１１０万円以内の贈与であるならば、非課税であることに変わりはない。

特定の目的で、養子にした贈与は非課税になるで

養親（直系尊属）が、養子（直系卑属）に対し、特定の理由で贈与する場合は、贈与税が非課税となる制度がある（所得税も住民税も非課税となる）。言うまでもないが、知人・友人や親類などに贈与する際は非課税にはならない。

なお、以下に紹介する贈与税の非課税制度（一部）は、贈与額が１１０万円以下なら贈与税がかからない「暦年贈与」制度と、併用可能である。

①20歳以上で、贈与を受けた年の所得が2000万円以下の直系卑属（養子）が、直系尊属（養親）から、直系卑属が居住用家屋の新築、取得、増改築といった目的で使うために贈与されたお金のうち、一定要件を満たす一定の額は非課税である。非課税贈与額は、消費税等その他の条件により300万円から最高3200万円まで設定されている。

②20歳以上50歳未満の直系卑属（養子）が、直系尊属（養親）から、結婚や子育てといった目的で使うために贈与されたお金のうち、一定要件を満たす一定の額（最高1000万円、うち結婚費用の贈与は最高300万円まで）は非課税である。

③扶養義務者相互間（養子と養親の間）で、通常必要な生活費（通常の日常生活に必要な費用）や、教育費（学費や教材費、文具費など）として贈与されたお金は、非課税である。

法人に、「不動産や有価証券等」を寄付する時は注意が必要やで！

法人に寄付をすると、「寄付者側」が課税されるかも

身寄りがなく相続人が全く存在せず、自分の財産が国庫に帰属してしまう事態を回避したいと考えている人の中には、自分の財産を「法人」、すなわち、一般の商事会社（株式会社や合同会社など）、慈善、福祉、教育、研究、医療などを目的として活動する各種法人、または宗教法人等に寄付をしたいと考える人が少なくないと思われる。

なお、ここで述べる「寄付」とは、法人への贈与、遺贈、法人設立のための財産の提供などを指している。

個人が、法人に対し、現金以外の「不動産や有価証券等」を寄付した場合は、財産を譲り渡した寄付者側（あるいはその相続人や包括受遺者、相続財産法人など）に譲渡所得税や住民税などの納税義務が生じてしまうことがある。

この点こそが、個人間の贈与や遺贈とは異なる。法人に現金以外の「不動産や有価証券等」を寄付する際は、よくよく注意をしなければならない。

個人が、法人に「現金」を寄付する場合は、寄付者側は課税されない

個人が、法人に対し、現金などの寄付（贈与または遺贈）をする場合は、寄付をした個人の側

に課税はない。

一方、寄付を受けた会社などの法人側は、受贈益として利益が増えるので、法人税及び法人住民税が高くなる。ただし、公益を目的とする公益法人等で一定の場合は、法人税は非課税となる。

個人が、「会社などの法人」に「不動産や有価証券等」を寄付すると、会社側と寄付者側の双方に課税される

「会社などの法人」に対して、現金を除く「不動産や有価証券等」を寄付（贈与または遺贈）した場合、寄付をした個人が、財産を時価で法人に譲渡したものとみなされる（＝みなし譲渡）。

寄付時の寄付財産の時価の方が、取得価額や経費よりも高くなる、つまり値上がり益（含み益）が発生した場合は、その含み益に対し、「寄付をした個人」の側に、譲渡所得税と住民税が課税されてしまう（みなし譲渡所得課税）。

納税義務を負うことになる「寄付をした個人」とは、贈与の場合は当然ながら、贈与者のことである。

一方、遺贈の場合は、遺言者（被相続人）は既に死亡しているので、遺言者の相続人（養子など）や包括受遺者などがいれば、彼らが納税義務を承継する。もし、遺言者に相続人などが全くいなければ、「相続財産法人」が所得税の納税義務を承継することになる。遺贈寄付の場合は、

遺言者の死亡を知った日の翌日から4ヶ月以内に、養子などの相続人や包括受遺者、あるいは相続財産法人が、被相続人（遺言者）の分の準確定申告をしなければならない。

以上をまとめると、「会社などの法人」に対し、「不動産や有価証券等」を贈与すると、贈与者個人の側に、譲渡所得税と住民税が課税されることがある。同じように、「会社などの法人」に対し、「不動産や有価証券等」を遺贈する遺言を作成すると、養子などの相続人や包括受遺者の側に、もし相続人などが全くいない場合は「相続財産法人」の側に、譲渡所得税の納税義務が生じることがある。

なお、寄付（遺贈または贈与）を受けた会社などの普通法人の側には、法人税及び法人住民税などが課税されるのはもちろんである（公益法人等の一定の場合は法人税が課税されない）。

個人が、「国・地方公共団体・一定の公益法人等」に「不動産や有価証券等」を寄付すると、寄付者側は非課税に

そもそも、相続人が全く存在せず、遺産が最終的に国庫に帰属してしまうことを嫌がり、これを何としても防止したいと思っているような人が、常識的に考えて、自分の財産を「国や地方公共団体」に寄付（贈与または遺贈）することが有り得るのか？　という根源的な問いがあるが、それは度外視で話を進める。

「国、地方公共団体、一定の公益法人等」に、現金を除く「不動産や有価証券等」の財産を寄付

（贈与または遺贈）した場合に、その寄付が教育または科学の振興、文化の向上、社会福祉への貢献その他公益の増進に著しく寄与することなど、一定の要件を満たすものとして国税庁長官の承認を受けた時は、寄付した個人の側が負担する譲渡所得税などについて非課税とする特例がある。

何度も繰り返すが、納税義務を負う寄付者側とは、寄付が贈与ならば贈与者である個人であり、寄付が遺贈ならばその相続人や包括受遺者、もし相続人が全くいない場合は「相続財産法人」のことである。

この特例の対象となる「公益法人等」とは、公益社団法人、公益財団法人、特定一般法人及びその他の公益を目的とする事業を行なう法人（たとえば、社会福祉法人、学校法人、宗教法人や特定非営利活動法人などである。

この特例が規定されているのが租税特別措置法40条なので、40条特例と呼ばれる。しかし、この特例の要件充足が厳しく、大きく下記三つに分けられる。

要件①　寄付が、教育または科学の振興、文化の向上、社会福祉への貢献その他公益の増進に著しく寄与すること。

要件②　寄付財産（代替資産を含む）が、その寄付日から2年経過日までの期間内に寄付を受けた公益法人等の公益目的事業の用に直接供され、または供される見込みであること。

要件③　寄付により、寄付した人の所得税の負担を不当に減少させ、または寄付した人の親族その他これらの人と特別の関係がある人の相続税や贈与税の負担を不当に減少させる結果とならないと認められること。

なお、この特例を受けた場合の譲渡所得分の価額分については、寄附金控除は受けられない。

【国税庁長官の承認を受けるための手続き】

［承認申請書提出者］
原則として寄付した人（贈与の場合は贈与者。遺贈の場合は遺贈者の相続人及び包括受遺者）。

［承認申請書の提出先］
寄付した人の所得税の納税地を所轄する税務署

［承認申請書の提出期限］
原則として、寄付日から4ヶ月以内（その期間を経過する日前に寄付日の属する年分の所得税の確定申告書の提出期限が到来する場合には、その提出期限まで）

財産の種類	遺与を受けた側の違い	贈与を受けた側の課税	贈与をした側の課税
現金を贈与	贈与を受けたのが個人である場合	贈与税がかかる。 ただし、受贈者が公益事業を行なう者で一定の場合は、贈与税はかからない。	非課税
	贈与を受けたのが法人である場合	法人税・法人住民税がかかる。 ただし、公益法人等で一定の場合は、法人税は非課税となる。	非課税
不動産、有価証券等を贈与	贈与を受けたのが個人である場合	贈与税がかかる。 ただし、受贈者が公益事業を行なう者で一定の場合は、贈与税はかからない。	非課税
	贈与を受けたのが会社などの普通法人である場合	法人税・法人住民税がかかる。	【含み益が出た場合】 譲渡所得税・住民税がかかる。
	贈与を受けたのが国・地方公共団体・一定の公益法人等である場合	原則として法人税は非課税となる。	【含み益が出た場合】 国税庁長官の承認を受ければ、譲渡所得税は非課税となる。

個人が遺贈または贈与した場合の課税関係

財産の種類	遺贈を受けた側の違い	遺贈を受けた側の課税	遺贈をした側の課税
現金を遺贈	遺贈を受けたのが個人である場合	相続税がかかる。 ただし、受遺者が公益事業の事業者で、一定の場合は相続税は非課税となる。	非課税
	遺贈を受けたのが法人である場合	法人税・法人住民税がかかる。 ただし、公益法人等で一定の場合は、法人税は非課税となる。	非課税
不動産、有価証券等を遺贈	遺贈を受けたのが個人である場合	相続税がかかる。 ただし、受遺者が公益事業の事業者で、一定の場合は相続税は非課税となる。	非課税
	遺贈を受けたのが会社などの普通法人である場合	法人税・法人住民税がかかる。	【含み益が出た場合】 ＊相続人などが譲渡所得税の納付義務を承継。 ＊相続人がいない場合、「相続財産法人」が譲渡所得税の納付義務を承継。
	遺贈を受けたのが国・地方公共団体・一定の公益法人等である場合	原則として法人税は非課税となる。	【含み益が出た場合】 国税庁長官の承認を受ければ、相続人や、相続財産法人などが負う譲渡所得税は非課税となる。

以上、「個人が遺贈または贈与した場合の課税関係」として、個人が、法人または個人に対し遺贈または贈与した場合の課税関係の比較表を示し、この章を終わりとする。

補　章
やがて身寄りも相続人も全くいなくなるニートやひきこもりの人の場合

頼りになるのは、お金か行政しかない

前章まで説いてきた話は、「身寄りがなく相続人が全くいない人が死亡したらどうなるのか？」についてであった。

親の死亡と同時に起こる苦境

当然、「身寄りがなく相続人が全くいない人」が同時にニートやひきこもりであるという条件であっても、彼らが死亡すれば、全く同一の問題が湧き上がる。第1章～第5章にて既述したように、生前に適切な対策を行なっていない限り、死後事務問題や遺産問題などは、同じように発生するということだ。

しかしながら、「やがて身寄りも相続人も全くいなくなるニートやひきこもりの人」のケースでは、彼ら自身が死亡する以前に、必ず一度、深刻な問題が勃発する。それはいつかと言うと、長年彼らの生活の面倒を見てきた親が亡くなった時である。

健康で、何らかの職業に就いて労働している人は、定期収入があり、貯蓄もでき、定年退職後は年金や退職金等もある。通常、このように、健康で、経済的に自立をした人は、たとえ配偶者も子もきょうだいも甥姪もおらずとも、親が死亡したところで、差し迫った経済面の憂慮は一応、発生しない。

しかし、きょうだいも配偶者もいない中高年のニートやひきこもりで、長年にわたり親に扶養してもらっているような人の場合、唯一の身寄りであり、庇護者である親が死亡したら、その生活はいったいどうなるのか？

親の死亡と同時に、特に経済面で苦境に陥ることになる可能性が高い。親が受給していた公的年金を、子は、受け継ぐことができない。

本章では、「やがて身寄りも相続人も全くいなくなるニートやひきこもりの人」の唯一の身寄りである「親」が死亡した時にまず巻き起こる、主に経済面の混乱や苦境を防止するために、彼らの「親」が、生前に講じておくべき対策について提案する。

本章での議論における当事者は、「やがて身寄りも相続人も全くいなくなるニートやひきこもりの人」の「親」である。

なお、「やがて身寄りも相続人も全くいなくなるニートやひきこもりの人」のことを、本章では単に「ニートやひきこもりの人」や「ニートやひきこもりの子」などと呼称する。

やがて身寄りも相続人も全くいなくなるが、経済的に自立している人

- 親が死亡すると
  ↓差し迫った経済面の憂慮は一般的に生じない。

・自分自身が死亡すると
↓生前に対策をしていない限り、通常、「死亡直後の処理」をしてくれる人はいないし、
　その遺産は最終的に全て国庫に帰属してしまう。

やがて身寄りも相続人も全くいなくなるニートやひきこもりの人
・親が死亡すると
↓途端に生活面、経済面において混乱と苦境が到来する。
・自分自身が死亡すると
↓生前に対策をしていない限り、通常、「死亡直後の処理」をしてくれる人はいないし、
　その遺産は最終的に全て国庫に帰属してしまう。

親が資金を準備するか、資金を生み出す方法を伝授するか

第1章にて、筆者は、法務事務所で相続に関する相談を受けたり、また、ある団体でファイナンシャル・プランニングのボランティア相談員をやっていたりした経験があると書いた。相談を寄せてこられた人の中に、就業経験が全くなく、長年自宅にひきこもり、中年になってしまったニートやひきこもりの子を持つ高齢の親御さんなどがおられたことを思い出す。

朝日新聞デジタル（2020年3月30日付）の記事によると、無職で独身の40～50代の中年の子が、高齢の親と同居し、生活費を親に頼っているとみられる家庭は2013年時点で推計約57万世帯あり、1995年からの18年間で約3倍に増えていた。こうした家庭は、ひきこもりなどの課題を抱えて社会から孤立する「8050（ハチマルゴーマル）問題」に陥りやすい。この問題に詳しい立命館大学の山本耕平教授（精神保健福祉論）によると、2013年から7年後の今、「事態はさらに深刻化している可能性が高い」とのことだ。

長年にわたり、自宅にひきこもった状態で、年齢も「高齢化」していくと、仮にニートやひきこもりの人が就労したいという意欲があっても、周囲から就労しろと強く言われても、第三者が就労場所を紹介したとしても、現実問題、こういった人たちが就労することは、かなり難しい。

我が子が就労のための行動ができず、収入が得られないのであれば、親が存命しているうちに、我が子の経済状態を安定的なものにしておく算段をしなければならない。

親がいつ死んでも、子が生活費の面で困らないよう、親が生きているうちに、子の残りの人生を送る上で必要な生活資金を準備するか、あるいは、子に、資金を生み出す方法を伝授しておかなければならない。

障害者手帳の申請もしておくべきやで

まず、長期間にわたって就労できない理由の一つとして、何らかの疾病、あるいは心身に障害があり、それによって継続的に日常生活に相当な制限を受ける状態にあると判断される場合は、在住の市区町村の障害福祉担当窓口（市区町村の福祉事務所や福祉担当課など）に行き、障害者手帳の申請をし、手帳の交付を受けるべきである。

障害者手帳を取得すれば、諸税の減免、携帯電話料金の割引、公共交通機関の運賃の割引、各種公共施設（美術館、博物館、プール、スポーツジム、温泉、動物園、水族館など）の入場料の割引などといった福祉サービスを受けられることがあり、社会復帰や日常生活支援の一助になる。

また、障害者枠での就職制度もあるし、受給要件を満たせば、障害基礎年金の受給が可能になる場合もある。

親は、市区町村の福祉課に一度行かなあかん

親が死去したら、身寄りもなく相続人もいないニートの子の生活の面倒を、いったい誰が見てくれるのだろうか？　資金援助を含め、親身に世話をしてくれる知人・友人、親類縁者、支援者などがいればいいのだが、もしこういう人が現実にいない場合は、いったいどうなるのだろうか？（いないケースの方が多い。）

生活面や資金面で個人的にサポートをしてくれるような人がいない場合の頼るべき先は、もはや、「行政」しかないと思う。

公的機関や地方公共団体には、ニートやひきこもりの人の生活を支援したり、各種相談を受け付けたり、関連情報を提供する施設・部門がある。

たとえば、各都道府県には、「ひきこもり地域支援センター」がある。ここは、ひきこもりの本人や家族が、まずどこに相談したらよいかを明らかにすることによって、より適切な支援に結びつけやすくすることを目的に、厚労省によって設置された機関である。

また、各市区町村には、福祉課、地域福祉課、福祉相談課、包括支援センターなどと銘打つ、ニートやひきこもりの人とその家族を支援したり、あるいはニートやひきこもりの人を社会復帰させることを目的とする専門機関を紹介したりする窓口がある。

さらに、「特定非営利活動法人ＫＨＪ全国ひきこもり家族会連合会」など、ニートやひきこもりの子を持つ親の会などの任意団体もある。

親は、（ニートやひきこもりの子本人を連れて行くのは非常に困難かもしれないが）、勇気を出して、在住の市区町村の福祉課窓口に足を運び、ニートやひきこもりの子の心身の状態、現在の経済状態、親の死後に予想される経済問題・生活問題など、ありのままの状況を行政側に通知し、相談に乗ってもらうべきである。

状況を理解してもらい、役所側の記録として残しておくためにも、福祉課への訪問は一度だけではなく、定期的に訪問することが重要である。

とにかく、市区町村の福祉課窓口を遠ざけてはいけない。親の死後、ニートの子を支援し、家庭訪問などをしてくれる人は、そういう職務を負っている市区町村の職員くらいなのだ――と、どうか考えていただきたい。

親は、資金をいくら用意しておくべきか?

ニートやひきこもりの子はもちろんのこと、現在病気にかかっているがために就労することが困難な子は、必ず親が、子の生活の面倒を見なければならない。

死ぬまで全く就労することができず、収入を得られない条件で、子の経済状況を安定的に保つためには、親が死亡した時点で、子のために、それ相応の預貯金・資産を残しておかなければならない。

親死亡後の、子の生活維持に必要な預貯金や資産の額とは、いくらくらいなのか?

本来、こういったシミュレーションは個別例に沿って行なうべきで、一般的なシミュレーションとなると架空の条件を設定することになるため、算定された結果は、「だいたいこの程度」だと割り引いて考えていただきたい。人によっては、全く参考の「さ」の字にもならない場合もあることを承知願いたい。

やがて身寄りも相続人も全くいなくなるニートやひきこもりの人の場合

必要な資金はいくらや？（シミュレーション）

【設定条件】

- Aさんはニートである。
- Aさんも、その親も同じ年齢まで生存するものとする（＝同じ年齢で死亡するものとする）。
- 年間の生活費を180万円とし、大きな臨時出費その他がないものと仮定する。
- Aさんと、その親の年齢差は28歳差とする。
- Aさんは、65歳から死ぬまで、年間78万円ほどの国民年金が受給できるとする。ちなみに、この78万円は、2020年度の国民年金（老齢基礎年金）の満額受給額で、40年間一度の未納もなく国民年金を払い続けた額であって、未納期間や免除期間があれば減額となる。国民年金の額は、国民の経済状況（賃金変動率や物価変動率等）により、毎年改定され、変動する。また、日本の経済情勢の変化や法改正などによっても変更の可能性がある。
- 運用益、課税などは考慮しない。

ニートのAさんを例に算定してみると、次のようになる。

【ケース①……Aさんの親とAさんの死亡年齢が同じ80歳とする】

Aさんの親の死亡時のAさんの年齢は52歳である。

65（歳）から52（歳）を引いた数に180万円を乗じると、2340万円となる。80（歳）から65（歳）を引いた数に180万円を乗じた額から、80（歳）から65（歳）を引いた数に78万円を乗じた額を控除すると、1530万円となる。

この1530万円に2340万円を足した金額3870万円が、Aさんの親が死亡した時点で、Aさんの生活に最低限必要な資金の額である。

【ケース②……Aさんの親とAさんの死亡年齢が同じ95歳とする】

Aさんの親の死亡時のAさんの年齢は67歳である。

95（歳）から67（歳）を引いた数に180万円を乗じた額から、95（歳）から67（歳）を引いた数に78万円を乗じた額を控除すると、2856万円となる。

この2856万円が、Aさんの残りの人生に最低限必要な資金の額となる。

以上、ざっと計算したが、この算定額は、一般国民の感覚としては、かなり大きな金額ではなかろうか。

しかし、親の死後、中年期を経て老境に入っていく我が子に、独居高齢者の平均（より少し良い）レベルの生活をさせてあげたいと、親が切に考えるならば、必ず用意しておかなければならない最低額ではないだろうか？

資金を用意できなければ、「生活保護」の申請を教示しておくべきやで

親から生活の面倒を見てもらっているニートやひきこもりの人たちは、親が死ねば、途端に生活が成り立たなくなるので、親は、前記の算定（以上の）額の資金を、子のために残さなければならない。

ところが、前記の算定額が用意できない親は、どうしたらよいのか？　親が死亡した時、ニートやひきこもりの子の生活はいったいどうなるのか？

まず第一義的には、ニートやひきこもりの子自身が、早急に就労をして収入を得ることだ。

しかしながら、心身が不調で就労したくても就労できなかったり、適切な就職先が見つからず、働きたくても働くことができなかったりする場合は——実際、適切な就職先など容易に見つからない——生活保護を申請すべきである。これ以外の方策があるだろうか？

経済的困窮から、ホームレスになったり、間違っても自殺したり大中小様々な犯罪に手を染めたり、軽犯罪をひっきりなしに起こしてエンドレスに刑務所の世話になったりするなどは、人間の尊厳の観点からオススメできない——オススメできないどころか、あってはならないと思う。

前記算定額の資金が準備できない親は、存命中に、「親が死ねば、親が受給している公的年金もストップするので、生活資金はなくなる。生活保護を申請しに行きなさい。」と、子にくどくどと言い聞かせておくべきだ。

生活保護申請は、生活保護申請を得意としている行政書士や生活保護申請代行業者に依頼するといい。生前のうちに、こういった行政書士事務所や生活保護代行業者の連絡先と手数料を、あらかじめ子に渡しておくべきだ。

ところで、世間では、生活保護は、持ち家や自家用車を保有している場合、絶対に受給できないと思われている。

しかし、たとえ持ち家を保有していても、その処分価値が利用価値に比べて著しく大きいような場合を除き、持ち家を売却・換金しなくても、生活保護を受給しながらそのままそこに住み続けられる。住居は生活に必要なものなのだからだ。

また、車は、原則売却しなければならないが、しかし、処分価値が小さく、車がないと日常生活上・社会生活上、不便を来たし、保有しなければならない特別な事情（たとえば、仕事での利用目的、公共交通機関の利用が著しく困難な地域での通勤・通院目的、障害者の通勤・通院目的など）があれば、車も売却・換金せずとも使用し続けることが可能である。

参考文献・参考ウェブサイト

財産管理実務研究会「不在者・相続人不存在財産管理の実務」2005 年 9 月　新日本法規出版

谷口聡「委任者死亡後の委任契約の効力」『高崎経済大学論集（52—2）』2009 年　15-27 頁

野々山哲郎・仲隆・浦岡由美子「相続人不存在・不在者財産管理事件処理マニュアル」2012 年 8 月　新日本法規出版

中澤まゆみ・小西輝子「おひとりさまの『法律』と『お金』」2013 年 12 月　WAVE 出版

谷口聡「死後事務委任契約に関する一考察—生前意思実現法理の一形態としての委任契約—」『九州法学会会報（2017）』2017 年　36-39 頁

松岡慶子「すぐに役立つ　入門図解　記載例つき　遺言書の書き方と生前贈与しくみと対策」2017 年 7 月　三修社

正影秀明「相続財産管理人、不在者財産管理人に関する実務」2018 年 3 月　日本加除出版

優オフィスグループ「相続コンサルタントの問題解決マニュアル」2018 年 3 月　中央経済社

島田雄左・吉村信一「おひとりさまの死後事務委任」2018 年 7 月　税務経理協会

一般社団法人日本財産管理協会「第 2 版相続財産の管理と処分の実務」2018 年 9 月　日本加除出版

岡信太郎「子どもがなくても老後安心読本」2019 年 2 月　朝日新聞出版

「特集すっきり早わかり相続法改正」『LIBRA』2019 年 5 月号

吉村信一「死後事務委任契約の実務　士業のための『おひとりさま終活業務』の手引き」・2019 年 7 月　税務経理協会

山本信行「ミス事例でわかる相続税・贈与税申告の実務ポイント」2019 年 7 月　新日本法規出版

https://isansouzoku-guide.jp/miyoriganai（2020 年 6 月確認）

https://www.courts.go.jp/index.html（2020 年 6 月確認）

松田真紀子（まつだ・まきこ）
1976年兵庫県生まれ。関西大学法学部卒、同志社大学文学部卒。主な保有資格は、1級ファイナンシャル・プランニング技能士、行政書士、宅地建物取引士、簿記2級など。大学卒業後、法務事務所勤務を経て、自動車部品メーカー、機械部品商社など一般企業の管理部門（総務、経理、人事）にて勤務。法務事務所では相続相談、相続調査などの諸業務を経験し、自動車部品メーカーの総務経理部では、希望する社員向けに「社内FP業務」を提供し好評を得た。
mail: mazda_mazda_1976@yahoo.co.jp

おひとり様の相続［4つの対策］

2020年 9月28日 初版発行

著 者 松田真紀子
発行者 和田智明
発行所 株式会社ぱる出版
〒160-0011 東京都新宿区若葉1-9-16
電話── 03(3353)2835(代表) 03(3353)2826(FAX)
03(3353)3679(編集)
振替 東京 00150-3-131586
印刷・製本 中央精版印刷株式会社

ISBN978-4-8272-1251-8 C0034